倏如飘风

明武宗正传

杜洪涛 著

山西出版传媒集团

山西人民出版社

图书在版编目（CIP）数据

倏如飘风：明武宗正传 / 杜洪涛著 . -- 太原：山西人民出版社，2022.12

ISBN 978-7-203-12454-2

Ⅰ . ①倏… Ⅱ . ①杜… Ⅲ . ①明武宗（1491-1521）—传记 Ⅳ .K827=48

中国版本图书馆 CIP 数据核字（2022）第 216744 号

倏如飘风：明武宗正传

著　　者：杜洪涛

责任编辑：王新斐

复　　审：吕绘元

终　　审：李　颖

出 版 者：山西出版传媒集团·山西人民出版社

地　　址：太原市建设南路 21 号

邮　　编：030012

发行营销：010-62142290

　　　　　0351-4922220　4955996　4956039

　　　　　0351-4922127（传真）　4956038（邮购）

天猫官网：https://sxrmcbs.tmall.com　电话：0351-4922159

E-mail：sxskcb@163.com（发行部）

　　　　　sxskcb@163.com（总编室）

网　　址：www.sxskcb.com

经 销 者：山西出版传媒集团·山西人民出版社

承 印 厂：北京汇林印务有限公司

开　　本：870mm×1168mm　1/32

印　　张：8.5

字　　数：200 千字

版　　次：2022 年 12 月　第 1 版

印　　次：2022 年 12 月　第 1 次印刷

书　　号：ISBN 978-7-203-12454-2

定　　价：58.00 元

前　言

　　明武宗朱厚照是明朝历史上最特立独行的皇帝之一，他的个性吸引了不少小说家和历史学家。以他为主角的历史小说包括高阳先生的《明武宗外记》，廖心一先生的《正德全传》和韦庆远先生的《正德风云》。其中高先生的小说文学性最强，但历史感较弱。韦先生、廖先生由于本身是历史学家或历史研究者，他们的著作在历史场景的复原与历史情节的再现方面有许多值得称道的地方。不过，历史小说毕竟是小说。纵然以史实为依据，仍包含大量的艺术想象和文学虚构。

　　与上述三部作品不同，李洵先生的《明武宗大传》是纯正的历史传记。这部著作史料翔实、考证精细、文笔流畅，是一部难得的佳作。珠玉在前，后继者难免承受着巨大的心理压力，好在压力也可以转化成动力。

　　我这部《明武宗正传》试图在以下几个方面形成自己的特点。

　　首先，在前人研究的基础上，进一步拓展史料，发现一些新的历史细节。例如，本书除了利用《明武宗实录》之外，还利用了收录何锦（寘鐇之乱的主谋之一）、刘瑾、赵燧（即赵风子）、刘吉（宸濠叛乱的主谋之一）等人供词的《皇明疏议辑略》，朱厚照的诗作，李东阳、谢迁、李梦阳、林俊、杨一清、杨廷和、戚继光等人的文集，以及《江海歼渠记》《平濠记》等。

其次，在史料辨析的基础上，形成了部分与前人不同的观点。例如，本书认为弘治中兴徒有其名，孝宗为武宗留下的是一个国库空虚、内忧外患的虚弱朝廷；正德元年（1506）十月的政治风云，是刘健、李东阳、谢迁在与新君的斗争已经处于劣势的情况下所做的最后反击；杨一清在铲除刘瑾过程中的所谓谋划之功，纯属向壁虚构；应州之战是武宗与蒙古著名首领达延汗之间的军事对决；武宗南巡的目的是军事威慑，而不是遍游江南。

其三，本书继承中国史学的叙事传统，在求真的同时注重叙事技巧。

其四，本书的写法借鉴了传统史学中的本纪，即以明武宗生平为线索，展现正德一朝的政治史和军事史。同时，乔治·马丁的《血与火：坦格利安王朝史》，对本书的写作也颇有启发。

其五，为了方便读者验证本书叙事的史料依据，本书使用了简略的注释。对史料依据不感兴趣的读者，可以忽略注释。

其六，本书在引用史料时，通常用现代汉语转述，并非字对字的机械翻译。此外，转述有时包含根据史料语境脑补的成分。

最后，说一下本书的书名。飘风有旋风、暴风的意思，恰如朱厚照短暂而张扬的一生。此外，飘风还有不检点的意味，也与纵容属下强抢民女的明武宗暗合。

杜洪涛

于内蒙古师范大学盛乐校区专家公寓

2022年8月20日

目录

序章

　　若论明代以荒唐、放荡闻名的皇帝，恐怕非武宗莫属。有人说他是与桀纣比肩的昏君，也有人说他是冥顽不灵的荡子，还有人把他看作精神病患者。我不想给他贴上一个新的标签，只想以史料为依据，以这位皇帝的生平为线索，讲述这段时期的历史。

　　弘治四年（1491），也就是大明王朝的第124年，第9任皇帝明孝宗朱祐樘的长子呱呱坠地。

　　这位皇子生于九月二十四日。他的生辰八字为辛亥（年）、甲戌（月）、丁酉（日）、□申（时）。由其支辰的时、日、月、年倒看过去，恰为申酉戌亥，连如贯珠。按照传统的命理学说，他日后应该是一位颇有作为的皇帝。

　　根据明太祖朱元璋制定的宗室子孙命名原则，燕王朱棣的第七代后裔属厚字辈，这一辈起名选字的五行偏旁次序为火字旁。明孝宗结合《尚书》"光被四表"与《易经》"大人以继明照四方"的意涵，为其长子取名厚照。[1]

在《明孝宗实录》《明武宗实录》等官方记载中，厚照的生母是张皇后。

张皇后是一位不同寻常的女人。她生于成化七年（1471），直隶河间府兴济县（今河北沧州兴济镇）人，名讳失考。由张氏的叔父张岐为军籍推断，张皇后的家族很可能是军户。[2]

或许与军户家族出身有关，张皇后的性格张扬、强横，与她端庄、文静的外表形成了鲜明的反差。谁料，孝宗却不以为意。

据太医院院使刘文泰转述，张皇后曾患口腔溃疡，孝宗命太医院将药送入大内。宫中女侍素来惧怕皇后，又担心她在病中借故迁怒，因而竟无一人敢将太医院送来的药传入大内。宽厚温和的皇帝没有怪罪宫女，他给刘文泰下了一道密旨。随后，刘文泰派来一名女医将药送到乾清宫。

皇帝登上御榻，亲手将药递给皇后，又亲自给皇后端漱口水。或许是不愿用药，被几个宫女扶起来的皇后，怒目圆睁，瞪着皇帝。不一会儿，皇帝忽然快速离开御榻，背向皇后咳嗽起来。据推测，他这样做，是怕自己的咳嗽声惊动了用药的皇后。[3]

---

[1] 《明孝宗实录》卷61，弘治五年三月丁丑。

[2] 沈德符：《万历野获编》卷5；《明清历科进士题名碑录》，华文书局，1969年，第1册，第254页。

[3] 杨仪：《明良记》不分卷。

据时人陆楫记载，张皇后陪同孝宗用膳时，恰逢司礼监太监萧敬入宫复命。她听闻萧敬及刑部侍郎屠勋等人惩治了她胞弟的几名家奴，心知其事必与皇帝有关。她故意指桑骂槐，痛斥萧敬："外边那些做官的不识好歹也就算了，你这个狗奴才也敢欺负我们张家的人！"

皇帝明知张鹤龄、张延龄兄弟侵夺民业，只惩治他们的家人，已经是从轻发落了。但见张皇后发怒，也佯装恼怒，与皇后一起痛骂萧敬等人。事后，他趁皇后不在场时召见萧敬，对他说："当时是碍于皇后的情面，才骂了你们几句，那不是我的本意。你千万不要把这些话传扬出去，我怕外边的官员吓破了胆。"萧敬担保绝不泄露此事，可皇帝还不放心，特意赏赐与萧敬同去勘问的刑部侍郎与大理寺丞白银各五十两，并向二人传达口谕："偶尔与皇后一起说了些不中听的话，那不过是在开玩笑罢了。你们不必惶恐，赏些银子给你们压压惊。"[1]

另据《两浙名贤录》，张皇后得知太监何鼎试图刺杀胞弟张延龄时，出离愤怒。孝宗知道何鼎之所以出此下策，是因为张延龄戏戴帝冠，调戏宫女。不过，为了照顾皇后的情绪，他还是将何鼎关进了锦衣卫大牢。他本打算等皇后气消后，再找个机会释放何鼎。不料，皇后将计就计，先斩后奏。她派太监张永等人将何鼎从诏狱中揪了出来，乱棍打死，投尸湖中。[2]

更令人惊讶的是，强横的张皇后还能独占皇帝的恩宠。明

[1] 陆楫：《蒹葭堂杂著摘抄》不分卷。
[2] 徐象梅：《两浙名贤录》卷8。

朝皇帝通常册立一后二妃，唯独孝宗例外，他始终未曾册立嫔妃。然而，不立嫔妃最初并非孝宗的本意。

弘治元年（1488），御马监左少监郭镛，奏请皇帝预先挑选佳丽留在宫中或诸王馆，派专人教她们读书知理，熟悉宫中礼仪。待到三年之丧过后，皇帝就可以在这些训练有素、知书达理的女子中挑选嫔妃。

选妃的建议由一个太监提出，很难不让人怀疑这里面有孝宗本人的意思。谁料，有人明知道是皇帝的意思，还要出言反对。这个人就是时任翰林院侍读的谢迁。他以三年之丧等儒家理论为据，反对皇帝在除服之前预选嫔妃。他还强调皇后已立，内主得人，选妃大可从长计议。

有意优遇士大夫的孝宗不愿留下拒谏的恶名，而预选嫔妃的事儿，他也不肯就此作罢。反复斟酌之后，他命令礼部官员商讨此事。他原本希望礼部官员能够通情达理，谁知礼部尚书周洪谟等人支持谢迁的意见，他们也反对皇帝在三年丧期之内预选嫔妃。最终，皇帝只好打消了这个念头。[1]

时人王世贞指出，参与《明孝宗实录》修纂的焦芳在记录上述事件时，下笔指责谢迁等人，说他们谏阻选妃是为了迎合专宠、善妒的张皇后。王世贞对焦芳的言论颇为不满。在他看来，当年孝宗年仅19岁，张皇后也才18岁，皇后独占侍寝的名声不会传扬在外。同时，谢迁等人也无法预判张皇后掌握了

---

[1]《明孝宗实录》卷11，弘治元年二月丁巳。

实际权力从而献媚。[1] 在我看来，王世贞的上述分析，旨在为名臣谢迁等人辩护。他既没有否认张皇后意欲独占侍寝的企图，也没有否认皇后相对而言更为强势。

俗话说，家家有本难念的经，皇帝之家也不例外。孝宗与张皇后虽然如胶似漆，却迟迟未能诞下皇子。眼见群臣反对皇后专宠的声浪渐高，年轻的皇帝夫妇不得不求神拜佛，祈求子嗣。他们大力兴建寺庙，供养僧人，修斋设醮，却丝毫不见成效。

弘治二年（1489），荆王朱见潚以皇帝仍无子嗣为由，建议广泛采选良家女子入宫。出乎荆王意料的是，孝宗不但没有顺水推舟，反而责怪他多管闲事。弘治三年（1490），礼科给事中韩鼎以建立国本、维系人心立论，建议皇帝充实后宫，早日孕育皇位继承人。孝宗不为所动，仅表示自有处分。[2] 上述情况表明，随着时间的推移，张皇后牢牢掌握了夫妻间的主导权，不立嫔妃已经成为夫妻之间的君子协定。明人沈德符甚至说，张皇后集万千宠爱于一身，宫中女子根本没有获得皇帝宠幸的机会。[3]

孝宗敬畏张皇后，并不是因为她像汉唐女主那样拥有显赫的家室。张皇后之父张峦的官职（鸿胪寺卿、中军都督府都督）

[1] 王世贞：《弇山堂别集》卷25。
[2] 《明孝宗实录》卷31，弘治二年十月己酉；同书卷41，弘治三年八月乙巳。
[3] 沈德符：《万历野获编》卷3。

与爵位（寿宁伯、寿宁侯），都是在他成为皇亲之后获得的。最初，他不过是一名国子监的普通生员。不可否认，张氏家族也曾有过一位声名显赫的人物，那就是张皇后的叔父张岐。

张岐做过延绥巡抚和辽东巡抚。但在张皇后出生的三年之前，他在辽东借断案之机报复怠慢自己的属官，诬告弹劾他的大臣，因而被革除官籍。[1] 也就是说，张皇后入主中宫，符合明朝通常在普通人家中选取后妃的原则。

孝宗礼让张皇后一方面是因为他宅心仁厚，另一方面也与他的身世有关：他的父亲是明宪宗朱见深，他的生母是宫女纪氏。成化五年（1469），纪氏获得宪宗的宠幸，喜得龙种。然而，怀上皇子的喜悦迅速被恐惧冲淡。

当年深得宪宗宠爱的万贵妃因儿子夭折，再孕无望，处心积虑地残害嫔妃或宫女腹中的皇子。不出所料，厄运很快就降临到了纪氏头上，万贵妃派人百般折辱纪氏。或许是上天垂怜，纪氏腹中的胎儿竟得不堕。

在宪宗授意下，纪氏被安排到金鳌玉蝀桥（今北京北海公园南门西侧的北海大桥）西侧羊房夹道中的内安乐堂居住。同时，对外宣称，纪氏只是肚痛，并无身孕。由此，纪氏母子逃过了万贵妃的毒手。

成化六年（1470），纪氏诞子。在太监、宫女以及废后吴氏的帮助下，纪氏在内安乐堂精心抚育自己的孩子。由于孩子的皇子身份没有得到认可，纪氏等人一直不敢剪去他的胎发，似

---

[1]《明宪宗实录》卷55，成化四年六月壬辰。

乎想以此作为他的身份标记。

成化十一年（1475）五月，宪宗认为时机已经成熟，便授意太监挑个万贵妃高兴的时候，将纪氏之子已经6岁的消息告诉她。万贵妃深知自己早已生育无望，权衡利弊之后，她决定向命运低头。

宪宗终于可以与亲子相认了。在看到胎发覆额的皇子时，他潸然泪下。同年十一月，纪氏之子被册封为太子。可惜，纪氏并没有看到儿子被册立的风光场面，她已于当年六月被万贵妃毒死。[1]

孝宗对生母念念不忘，他即位后追尊纪氏为孝穆皇太后。他还派人四处追寻母家的消息。然而，纪氏的身世颇为神秘。有人说她姓纪，有人说她本姓李，也有人说她本姓丁，还有人说她是内官陆恺的妹妹。她的籍贯和族群也存在争议，有的说她祖上是江西南昌新建人，后流落广西苗洞；有的说她本为广西贺县人；有人认为她是汉人，也有人认为她是蛮族。[2] 无论如何，孝宗寻亲十余年，找到的却都是些冒名顶替的卑劣之徒。

对于幼年丧母、缺乏关爱的孝宗来说，张皇后以及张氏家族对他而言具有极其重要的意义。他不但对张皇后敬爱有加，而且对皇后的两个胞弟张鹤龄、张延龄也多方庇护。

张氏兄弟倚仗皇恩，侵夺民产，垄断贸易，横行无忌。给

<hr />

[1] 黄瑜：《双槐岁钞》卷10。
[2] 沈德符：《万历野获编》卷5；张廷玉：《明史》卷113。

事中、御史等监察官，义愤填膺，多次弹劾张氏兄弟横行不法。孝宗命司礼监太监传达口谕，拒绝追查。然而，太监找不出令人满意的理由，弹劾张氏兄弟的官员不肯罢休。孝宗情急之下，亲笔写下手谕："朕只有这一门亲戚，以后不要再来说他们的不是了！"[1]

童年的不幸使孝宗格外珍爱自己的孩子。弘治五年（1492）三月初八，他为实际上只有五个多月的厚照举行了隆重的册立太子仪式，正式确立了他皇位继承人的身份。为了将厚照培养成一位出色的皇帝，他决定在厚照8岁的时候安排他出阁读书。他为太子遴选的讲官包括侍讲学士程敏政、司经局洗马梁储、太常寺少卿兼侍讲学士焦芳、侍读学士兼左谕德王鏊、左中允杨廷和、左赞善费宏和编修兼校书靳贵等二十人。他还令内阁大学士徐溥、刘健、李东阳和谢迁提调各官讲读。[2]

自弘治十一年（1498）起，讲官从早至午，轮番为小厚照讲解经史。在学习过程中，最值得称道的是他的记忆力。据说，每当讲官考察他学过的课程时，他都可以掩卷背诵。

他还凭自己的记忆力，在不太长的时间里记住了所有讲官的姓名。偶尔有讲官因故未能如期进讲，他便会问左右属官，某某先生今天为什么没来。

厚照学习儒家经典的真实情况无从得知。可以确定的是，

---

[1] 杨仪：《明良记》，第6页。

[2] 《明孝宗实录》卷60，弘治五年二月庚戌；同书卷134，弘治十一年二月甲午。

他十分注重礼仪。在听讲时，他仪容庄重，在讲习结束时，他总是起身行礼，恭送讲官。当孝宗前来查看学习情况时，他率领东宫属官趋走迎送，仪态娴熟。与此同时，辍朝之日，如果有学士误束花带前来讲学，厚照会对左右属官说，若是在朝班中，这位先生就会因为失仪被御史弹劾。

厚照在与父皇相处的日常礼仪中也表现得恭敬、谨慎，无论问安、视膳都深得父皇欢心。这些乖巧的表现，使孝宗更加疼爱自己的儿子。

孝宗闲暇时喜欢游幸，每次他都会带上厚照同行。游幸中如果遇到什么新鲜事物，他通常会借题发挥，启发厚照，使他懂得做人、治国的道理。[1]

某天夜里，孝宗一时兴起，带着厚照走出大内，一路向南。父子二人夜游华盖殿、谨身殿、奉天殿，仍意犹未尽。他们又走过武英殿、南薰殿，来到归极门西南，午门西侧的六科廊。

六科廊分东西两房，其中掌司办公的地方叫精微科，重要文书都收藏在这里。小厚照第一次看到六科廊，十分兴奋。他好奇地指着眼前的衙门大声问道："这是什么地方？"

"你别嚷，这是六科给事中办公的地方。"孝宗连忙摇手，压低声音说。

"给事中不也是父皇的臣子吗？怕他们干什么？"厚照不解地问。

---

[1]《明武宗实录》卷1，未著时间。

孝宗意味深长地说："祖宗设置六科给事中，是为了监督皇帝的德行。如果皇帝有做得不好，甚至做错的地方，他们就会直言不讳地指出这些过失。"[1]

孝宗这一番话，可谓用心良苦。然而，在小厚照心中，这段话的分量根本无法与夜游的快乐相提并论。

随着年龄增长，厚照的兴趣日广。他喜欢音乐、戏剧、杂技、蹴鞠，也喜欢打猎、钓鱼。似乎所有的娱乐活动都能令他乐此不疲。广泛的爱好势必影响学业。从出阁读书到继承皇位，前后八年。在此期间，他只学过《尚书》《论语》这两部儒家经典，还都没有学完。[2]

在众多爱好之中，骑射对于厚照而言具有十分重要的意义。他勤学苦练，梦想有朝一日可以驰骋沙场。这种浓厚的军旅情结或许与他的出生传说有关。据说，张皇后在厚照出生前的那个夜晚，梦到一条白龙盘在她肚子上。按照传统的五行理论，白色是西方的颜色，属金，为兵戎之象。因此，厚照生而好武。[3]

当然，尚武也有可能与他祖母的西南民族血统有关。明代史料在记述纪氏身世时会提到"蛮""猺""獐"等西南民族。[4]说她祖上本是汉人，其后流落苗洞，不过是为了顾全皇家颜面

---

[1] 邓元锡：《皇明书》卷9。
[2] 《明武宗实录》卷6，弘治十八年十月己卯。
[3] 毛奇龄：《明武宗外纪》不分卷。
[4] 何乔远：《名山藏》卷31。

的附会之辞。

明朝皇室具有一定的尚武传统，明太祖、明成祖、明宣宗、明英宗都曾御驾亲征。其中，明成祖更是五次越过长城，北征瀚海。因此，朱祐樘对厚照酷爱骑射，潜心兵事，不以为忤。在他看来，厚照这是居安思危，值得褒奖。

时光荏苒，不知不觉间，厚照已经长成14岁的少年。十余年来，他无忧无虑，为所欲为。这样快乐的日子看似会一直延续下去。然而，弘治十七年（1504）十二月发生的郑旺妖言案打破了他的平静生活，并给他留下了不容小觑的心理阴影。

郑旺妖言案之所以赢得了广泛关注，是因为该案涉及一个十分敏感的问题，即皇太子的生母究竟是不是张皇后。

实际上，早在厚照降生之时，就有人怀疑厚照的身世。因为张皇后自成化二十三年（1487）被册封为太子妃，至弘治四年（1491）毫无先兆地宣布诞生皇子，前后五年。在长达五年的时间里无法生育，却在反对皇后专宠的声浪日高之时突然得子，这种戏剧性的反转难免会让人心生疑窦。

难道表面上与皇后情深意浓的孝宗，背地里与宫女干出了苟且之事？这个突然冒出来的皇子是不是孝宗与宫女的结晶？莫非张皇后为了继续专宠横刀夺子？她会不会杀掉那个可怜的宫女？上述问题会在一些人的头脑中闪过或盘旋，但真正将这些疑问推上风口浪尖的，是一个叫郑旺的普通人。

据《明孝宗实录》，郑旺是一名普通军户。由于家中有人承担军役，因此他只是一名帮贴正军，承担卫所杂役的军余。他的户籍不属于州县，而是属于在京卫所武成卫。这个卫所坐落在京城东北角的郑村镇，郑旺就生活在这里。

郑旺曾经有过一个女儿。不知道出于什么缘故，郑旺给这个女儿起了一个不伦不类的名字——王女儿。这个女孩身上有一些日后可供辨认的特征：她的右肋有出痘留下的瘢痕，背上还有一处烫伤溃疡留下的伤疤。

王女儿12岁这一年，郑旺可能遇到了一个迈不过去的坎儿，他狠心将女儿卖给了东宁伯。王女儿被卖为婢的悲剧命运并没有就此结束。不久，她又被转卖给沈通政。

郑旺虽然在不得已的情况下卖掉了女儿，但他不曾忘掉这个亲生骨肉。因此，他时常打探女儿的消息。不知过了多久，他忽然风闻，驼子庄郑安的女儿被选入宫中，郑安家即将成为皇亲国戚。他突发奇想，这个郑安的女儿会不会就是他的骨肉王女儿。如果这个大胆的设想是真的，那么应该成为皇亲的就该是他郑旺而不是郑安。

被皇亲梦冲昏了头脑的郑旺决定去京城走一遭。他拜访了他的亲戚妥刚、妥洪，希望妥氏兄弟能够帮忙探听消息。

妥氏兄弟是锦衣卫的舍余，由于家中有人在锦衣卫担任官职，因此兄弟二人见多识广，交游广泛。妥洪给郑旺出了个主意，他说他与乾清宫太监刘山相识，如果郑旺愿意恳请刘山帮忙，这个事儿就有眉目了。

郑旺按照妥洪的建议，事先将女儿的身世来历写成帖子，当作认亲信物。随后，在妥洪安排下，他在玄武门外与刘山相见。略做寒暄后，郑旺反复恳请刘山帮忙探听女儿消息，刘山一时磨不开情面，应承下来。

一个多月后，郑旺满怀希望地再次进京。他还特意带上大米、白面作为答谢刘山的礼物。可惜，刘山并未探听到郑旺女儿的消息。

《明孝宗实录》在接下来的记载中，存在一个令人疑惑的表述："（刘）山于宫女郑金莲处得王女儿者于高墙内。"[1] 这句话很容易使人误以为郑金莲与王女儿是两个人，一些历史学家也落入了这个陷阱。然而，参照《明武宗实录》"今名郑金莲者即若女也"，[2] 可知郑金莲就是王女儿。

《明武宗实录》是在武宗驾崩之后，孝宗一系已经绝嗣的情况下修成的，纂修者无须避讳，相关记载值得信赖。也就是说，《明孝宗实录》的前述记载，应该做如下理解，即刘山在向郑金莲探听王女儿消息的时候，发现郑金莲就是王女儿。

话说刘山探得郑金莲就是王女儿后，便将郑旺寻女的事情告诉了她。谁知王女儿拒绝认亲，并说自己的父亲姓周而不姓郑。刘山听郑旺说过，王女儿先后被卖过三次。因此，他认定这个郑金莲就是郑旺之女。

不久，不甘心的郑旺又来拜访刘山。刘山见他寻女心切，便出言安慰。大意是说，你的女儿我已经找到了，她说自己又被卖过两次。她也不是不想与你相认，只是不知道为什么还有些迟疑。

郑旺信以为真，他相信宫中的这个郑金莲就是自己的骨肉

---

[1]《明孝宗实录》卷219，弘治十七年十二月丁丑。
[2]《明武宗实录》卷31，正德二年十月己亥。

王女儿。自此，郑旺时常带一些水果、食品、绸缎等物托刘山转交王女儿。刘山虽然不曾将这些礼物转交，但他会送一些宫中的衣服、靴子、布匹、绸缎等物给郑旺，并谎称是王女儿答谢郑旺的回礼。

又过了一段时间，刘山突然找到妥洪，对他说，王女儿如今走了鸿运，进了乾清宫。你们这帮家伙也要鸡犬升天了。见妥洪喜形于色，刘山告诫他说，一定要谨慎，千万不能将这个事情告诉外人。

郑旺得到妥洪转达的消息后，欣喜若狂。他不顾刘山的劝诫，开始在乡邻、亲友之间吹嘘、炫耀自己莫须有的皇亲身份。同乡、亲朋信以为真，纷纷为传说中的皇亲献上礼物。为了在皇亲身份得到确认后可以回报众人，郑旺编写了一份聚宝册，详细记录了六百余人的送礼名单。

所谓物极必反，《明孝宗实录》记载的郑旺事件也印证了这一点。某天，为了给女儿庆生，郑旺带上美酒、腊肠托刘山送入宫中。刘山照例藏匿不送，并自行以褥子、靴子、丝绢、手帕等物假托王女儿之名回赠郑旺。

此时郑旺已经如痴如狂，他坚信自己就是皇亲。为了证明这一点，他拿着刘山回赠他的那些宫中物品到齐驸马府上拜访。齐驸马不知真伪，但也有所防范。他让儿子接待郑旺，自己却不露面。齐驸马之子见到郑旺带来的确是宫中之物，便误以为郑旺真是皇亲。为了日后能够相互照应，他赠予郑旺豹皮一张，马鞍、辔头一套，丝绸衣物若干。

与齐驸马家的这次交往，使更多的人相信郑旺的确是皇亲无疑。郑旺的家人也开始肆无忌惮地吹嘘、炫耀。

乐极生悲，不久，郑旺冒认皇亲的事便被东厂、锦衣卫官校查获。皇帝下令抓捕郑旺、刘山和王女儿等人，并决定亲审此案。[1]

《明孝宗实录》在此处使用了春秋笔法，即故意遗漏部分关键信息从而达到教化或避讳的目的。然而，这样的记载难免会留下明显的漏洞，即一件普通的冒认皇亲案为什么会惊动皇帝？对于这个问题，我们需要结合其他史料来探索答案。

根据《治世余闻》所载郑旺本人的供词，他的骨肉王女儿不是普通的宫女，而是一位曾诞下皇子，住在皇太后宫内，随时有可能母凭子贵的女人。[2]结合《明武宗实录》所载郑旺妖言案的后续事件可知，在郑旺看来，他女儿生下的皇子正是朱厚照。[3]

发现了吗？这哪里是普通的冒认皇亲案，这明明是一个事关皇太子身世、皇帝诚信与皇后德行的大案、要案。

郑旺的供词还提供了一个重要信息，即郑旺冒认皇亲一事，产生了很大的社会影响。两三年来，京城内外的投机分子，对郑旺趋之若鹜。这个事实会衍生出一个问题，即为什么东厂、锦衣卫的官校在事情已经沸沸扬扬两三年之后才有所察觉？

---

[1]《明孝宗实录》卷219，弘治十七年十二月丁丑。
[2] 陈洪谟：《治世余闻》下篇卷4。
[3]《明武宗实录》卷31，正德二年十月己亥。

当时也有人注意到了这一点，他们认为这件事实际上是上面授意，下面抓人。至于是何人授意，他们迫于政治压力，不曾明言。结合皇帝亲自审案分析，我认为授意者就是皇帝和皇后。

郑旺供词与《明孝宗实录》之间还有一处重要差异。在前述《明孝宗实录》的记载中，王女儿并没有与郑旺相认，也从未与郑旺礼尚往来。然而，根据郑旺的供词，他与王女儿已经相认；郑旺每年都会带上礼物，在西华门与宦官刘山碰面，并通过刘山和皇太后宫中的宫女黄女儿将礼物转交给自己的骨肉；收到礼物后，王女儿也会通过黄女儿、刘山给父亲回赠礼物。[1]

有些聪明的读者可能会想，郑旺供词与《明孝宗实录》的上述差异是郑旺受到刘山蒙蔽造成的，《明孝宗实录》的记载更接近事实。然而，这种解释有一个明显的漏洞，即刘山为什么要这样做？是为了骗取财物吗？只要比较一下郑旺赠送的大米、白面与刘山以王女儿名义回赠的衣服、丝绸，就会知道刘山很难从中获利。因此，郑旺父女已经相认的可能性更大。

弘治末年郑旺妖言案的来龙去脉大致如上，下面说一下此案的审理。

在皇帝亲审的过程中，刘山迫不得已，指出郑金莲就是王女儿。这个时候，朱祐樘的反映特别耐人寻味，他竟然无法决断刘山是否有罪。无奈之下，他下令将郑旺等人押到锦衣卫

---

[1] 陈洪谟：《治世余闻》下篇卷4。

受审。

锦衣卫堂上官对郑旺、王女儿、刘山等人毫不客气。严刑拷打之下，王女儿供述的父母姓氏、父母年龄及入宫来历，都与郑旺所言不合。郑旺的妻子赵氏还被允许查验王女儿的身体特征，但她发现这个王女儿的右肋和后背并无记忆中的瘢痕。锦衣卫堂上官由此认定此王女儿非彼王女儿，她本姓周，并非郑旺的骨肉。

刑部提出了郑旺案的最终处理意见。刑部官员认为刘山制造妖言、混淆视听，郑旺和妥氏兄弟传播妖言、迷惑人心，皆当问斩。孝宗亲自做出裁决。他下令将刘山凌迟处死，并强调无须覆奏。由此可见，在皇帝心中，刘山才是此案的罪魁祸首。

《明孝宗实录》没有给出朱祐樘对郑旺、王女儿等人的处理意见。幸而当时关注此事的部分官员，从保留此案卷宗的刑部福建清吏司抄录了一份内批，上面写道："黄女儿送浣衣局，郑某已经处置了，郑旺且监候。"[1] 这里的黄女儿并不是王女儿，而是帮助郑旺和王女儿传递消息的宫女。郑某即郑金莲，也就是王女儿。明孝宗有意不直书其名，说明他与王女儿的关系确实不同寻常。他对于郑旺的处置也出人意料，既没有像刘山那样凌迟，也没有按刑部的建议问斩，而是监押候斩。

内批中对于王女儿的处置故意含糊其词。好在编修王瓒的见闻留下了珍贵的线索。某日，王瓒奉命在司礼监教小太监读书。事毕，返途经过左顺门时，他看到两个太监押送一位用红

---

[1] 陈洪谟：《治世余闻》下篇卷4。

毡包裹的女人。由于红毡裹头，王瓒看不到这个女人的面目，只能看到一对三寸金莲。

一位随同太监押送红毡女的人事后告诉王瓒，这个女人被押到了德胜门附近的浣衣局。浣衣局守卫对红毡女的礼遇非同寻常，他们看到她后立即起立，将她迎入浣衣局。当时王瓒也说不清其中缘故。数日后，当他听说郑旺妖言案，并将两者联系起来后，才想通这个女人是谁。

由此可见，王女儿最终的命运与黄女儿一样，都被发配到了浣衣局。不过，二人的待遇理应颇有轩轾。

有必要在这里交代一下郑旺案的后续事件。第二年，孝宗驾崩，厚照即位，大赦天下。这时，郑旺也被释放还家。新帝登基后的赦免给了郑旺某种错觉，他决心铤而走险。

正德二年（1507），郑旺伙同他人潜入东安门，宣称国母郑氏已被幽禁多年，他们要将此事面奏皇帝。这一回，郑旺的运气耗尽了，他与此前的刘山一样，被凌迟处死。[1]

郑旺妖言案在当时产生了很大影响，部分舆论认为郑旺所说未必是妖言。很多人密切关注着事态的动向，部分官员从刑部抄出孝宗内批，都御史王章命御史力辩郑旺罪不当死，刑部尚书闵珪趁大赦之机释放郑旺，或许都是有意为之。[2]

今天，我们大可怀疑厚照的生母实际上就是郑金莲（即王女儿），但是我们很难让所有人都相信这个观点。无论厚照的生

---

[1]《明武宗实录》卷31，正德二年十月己亥。
[2]《治世余闻》下篇卷4；都御史王章事，参见杨荣：《文敏集》卷18。

母是谁，都不会对我们的生活产生影响。然而，对于厚照而言，这件事儿就没有那么简单了。

郑旺妖言案的纷扰给厚照带来了强烈的心理冲击。案发前，他的身世让人艳羡，因为他是皇后诞下的嫡长子。表面看来在实行嫡长子继承制的时代，以嫡长子身份成为皇位继承人应该是十分普遍的现象。然而，在历史上有很多皇帝并非嫡长子。以明朝为例，明英宗、明宪宗是长子，但前者的生母是宫女，后者的生母是偏妃；明成祖、明景帝、明孝宗皆非长子。此外，建文帝、明仁宗、明宣宗虽然是长子，但他们出生时父亲并不是皇帝。因此，厚照的身世一度是值得骄傲的政治资本。然而，案发后，他的身世成疑。这势必会给这个14岁的少年留下很深的心理阴影。这道阴影或许将影响他的一生。

第一章　新君的困境

弘治十八年（1505），五月十八日，丑时。

月光笼罩着神秘、阴暗的紫禁城。宦官、侍卫簇拥着乘舆，穿过高墙间的御道，来到停放孝宗几筵的宫殿。

乘舆中的少年名叫朱厚照，也就是日后的武宗毅皇帝。如果传世的武宗画像与厚照的相貌相近，那么他生得剑眉凤目、直鼻薄唇，下颌略微向前突出。另据《明武宗实录》，厚照酷似明太祖朱元璋。[1] 不知道《明武宗实录》的编纂者是否是从地包天的下颌着眼的。

身穿丧服的厚照下了乘舆，进入宫殿，来到孝宗几筵前。他下拜行礼，禀告亡父，他将在今天继承大位。四拜礼毕，他起身肃立。礼官开始宣读祝文。

面对父皇的灵柩，少年的思绪难以平静。事情发生得有些突然，总让人觉得不那么真实。

四月十六日，也就是一个月之前，孝宗还亲赴奉先殿，恭行祭告祖先的仪式。当天，他又将内阁重臣刘健等人召至暖阁，商讨处置流民事宜，询问官员起复情况。当时没有人会想到，不到一个月，孝宗竟然会因为在祷雨斋戒时偶感风寒，而龙驭

---

[1]《明武宗实录》卷1，未著时间。

上宾。[1]

　　厚照与父皇的最后一面是在 11 天前，也就是五月初七。他奉召来到乾清宫，看到孝宗正用一块白绫擦拭口鼻中涌出的鲜血。[2] 孝宗忍着灼痛全身的燥热，[3] 断断续续地对他说："朕快死了，我儿日后务必遵守祖宗法度，孝敬太后和太皇太后，坚持学习，提高道德修养，任用贤能的官员。千万不要懒惰、懈怠，荒废政务。你要守住祖先传下的基业……"[4] 这番话既充满期待，也不乏忧虑。

　　就在那天中午，孝宗撒手人寰。

　　礼官宣读祝文已毕，少年在父皇的几筵前再次恭行四拜礼。此后，在宦官的服侍下，他换上衮服、戴上冠冕，继续烦琐的仪式。他先是来到奉天殿的丹陛上，敬拜苍天，行五拜三叩头的大礼。接着，他到奉先殿叩头，到奉慈殿叩头，回到孝宗几筵前叩头；又去太皇太后宫中叩头，去皇太后宫中继续叩头。

　　在多次恭行五拜三叩的大礼之后，少年来到华盖殿小憩。

　　忽听得殿外钟鼓齐鸣，鸿胪寺官向早已恭候在奉天殿前的

_____

[1]《明孝宗实录》卷223，弘治十八年四月癸酉。王世贞：《弇山堂别集》
　　卷94。
[2] 据李梦阳《秘录》，孝宗临终前曾鼻口出血。李梦阳：《空同集》卷39
　　《秘录》。
[3] 孝宗临终前的主要症状是燥热，他对左右侍从说："热甚，不可耐。"
　　《明孝宗实录》卷224，弘治十八年五月庚寅。
[4]《明孝宗实录》卷224，弘治十八年五月辛卯。

文武百官传旨："百官免贺，免宣表！"[1]

礼官恭请皇帝升殿，少年坐上乘舆来到奉天殿。他从中门进入大殿，在皇帝宝座上正襟危坐。殿外的锦衣卫校尉燃放鞭炮，百官在鸿胪寺官的引领下，向新君恭行五拜三叩的大礼。

刚坐上龙椅的厚照或许还不了解，他接手的大明，并不是一个强大富足、欣欣向荣的王朝。那些推崇孝宗，却将厚照与夏桀、商纣、隋炀帝等暴君相提并论的历史学家，也有意地忽视了这个问题。[2]

实际上，孝宗生前已经看到他统治下的大明弊端丛生。就在他驾崩前的两个月左右，他颁布诏书要求臣下尽忠直言。他在诏书中表示自己想要革除弊政，各衙门官员，无论官阶高低，只要所提意见与国计民生有关又切实可行，务必直言相告。

户部主事李梦阳，陕西行都司庆阳卫（今甘肃庆城县）人，弘治六年（1493）进士，时年33岁。在明代文学史上，他以复古派的领袖著称。同时，他也是个不畏权贵、刚正不阿的人。

看到诏书后，李梦阳被皇帝的诚意打动了。于是，他将在户部任职十余年的所思所想写成洋洋数千言的《应诏上书稿》（收入文集时，改称《上孝宗皇帝书稿》）呈送皇帝。[3]

---

[1]《明武宗实录》卷1，弘治十八年五月壬寅。
[2] 韦庆远：《正德风云》，北方联合出版传媒有限公司，2020年，第1页；孟森：《明史讲义》，中华书局，2006年，第215页。
[3] 李梦阳：《空同集》卷39。

在这份奏疏中，李梦阳策略性地盛赞孝宗是"明君英主"。随后，他话锋一转，提出了一个十分尖锐的问题："然而，治国有瑕疵，百姓不得实惠，这是什么缘故呢？"

李梦阳自己回答了这个问题，他将弘治年间的症结归纳为"二病""三害"和"六渐"。

在李梦阳看来，大明朝已经是一个垂危的病人。这个病人患有两种病症。第一种是表面没有明显症候，却已内耗严重的"元气之病"。造成这种病症的是那些固位保身的士大夫。这些人缺乏礼义廉耻，不肯说真话办实事，只知因循守旧、欺上瞒下。第二种是难于治疗，但要想保命就不得不治疗的"心腹之病"。这种病症的主因是宦官干政。当时的宦官不但在仓厂、场库、钱谷等经济领域占据要津，而且专掌禁军，参与京军训练，安插亲信在京军和锦衣卫中任职。

他还认为大明朝存在三种弊端，即"兵害""民害"与"庄田畿民之害"。

"兵害"指的是军政方面的弊端。表面看来，京军的在册人数多达数十万，但长期的消耗，却使国家没有多少兵力可用。以弘治朝为例，达延汗率领蒙古部落侵扰北边，明廷能够派出应援的京军不但兵力不足三万，而且"腰鞬、弓刀不全"。为何如此狼狈呢？一是武官盘剥，导致军士逃亡；二是权贵私役，致使军士无暇承担军事任务。更为严重的是，各级官员有意隐瞒军士逃亡或被私人占用的情况，朝廷仍按京军的原额数量发放钱粮。于是，大量财政资源白白流入贪官污吏的私囊。

"民害"指朝廷赋役过重，官吏贪墨公行，百姓穷困潦倒。李梦阳以油、蜡、皮张等为例予以说明。与弘治初年相比，朝廷对上述物料的征收已经增加了十倍。如果再加上户、工二部的科派，州县官吏的盘剥，秤头等陋规，宦官的勒索，百姓的负担实际上增长了数十倍。运笔至此，他大发感慨："民生如此，还奢望天下太平，岂不是南辕北辙！"

　　"庄场畿民之害"指外戚、权贵强夺百姓的土地、房屋，导致受害百姓流离失所，家破人亡。这个问题在京畿地区尤为严重，京畿百姓受害最深。

　　李梦阳又指出，大明朝存在六种不良趋势，即"匮之渐""盗之渐""坏名器之渐""弛法令之渐""方术眩惑之渐"与"贵戚骄恣之渐"。

　　"匮之渐"指财政匮乏。李梦阳以太仓银为例，做了一个对比。弘治六年（1493），李梦阳刚到户部任职时，太仓银共有170余万两。至弘治十八年（1505）他应诏上书时，太仓银已消耗过半。

　　"盗之渐"指盗贼横行。当时劫掠县城、焚烧村庄、聚众杀人、奸淫妇女等罪行日有所闻。造成这种局面的根本原因，是穷苦百姓无以为生。李梦阳还警告说，如果出现大规模自然灾害，或外敌入侵，盗贼肆虐可能会演化为武装叛乱。

　　"坏名器之渐"指赏罚不明，轻授官爵与滥升、滥赏。这不但造成了冗官、冗费的问题，而且导致吏治败坏。

　　"弛法令之渐"指以私恩轻赦罪人，纵恶养奸，法纪无存。

　　"方术眩惑之渐"指明孝宗崇信佛道。李梦阳批评皇帝广建寺观，御赐匾额。他还指责孝宗过分宠幸僧道："这些饮酒食肉的粗俗道士，陛下却敬若天神，赐封真人；那些法王、佛子之流，也乘坐肩舆，出入紫禁城，享受着皇家赐予的华衣美食。"

"贵戚骄恣之渐"是对外戚仗恃皇恩、横行不法的批评。

李梦阳的分析鞭辟入里。不过，他的逆耳忠言不但未被采纳，反而险些给他招来灭顶之灾。

李梦阳上书及其后续事件，时在东宫的厚照可能有所耳闻。然而，耽于骑射、嬉戏的皇太子多半没有看过这份奏疏。

如今，初登大宝的少年天子，就算不知道什么"二病""三害""六渐"，他也会很快发现，他的江山并不稳固，甚至还有些风雨飘摇。

厚照即位六天之后，也就是五月二十四日，达延汗率军南下。

达延汗把秃猛可，是明代蒙古史上最著名的大汗之一。在明中叶以后的蒙古王公心中，他是可以与成吉思汗、薛禅汗（即忽必烈）相提并论的三大英雄祖先之一。

早在弘治年间，达延汗即多次率军寇边。弘治十三年（1500），达延汗进犯大同，杀戮甚众。随后，他又劫掠山阴、浑源、马邑、蔚州等地。在蒙古军队的威慑下，孝宗下令京师戒严。弘治十四年（1501），达延汗又率领七八万骑兵突破花马池，深入固原等地烧杀、抢掠。

这一次，达延汗的目标是宣府。他率领军队在牛心山、黑柳林等地驻扎，营寨延绵二十余里。

在一段令人窒息的平静过后，大规模军事行动随即展开。

达延汗派人毁坏新开口一带的长城，指挥大军鱼贯而入。负责镇守新开口的宣府左参将李稽率军迎敌。达延汗留下部分骑兵包围李稽，自己则亲率大军继续南下。

行至虞台岭，蒙军遭到明军的大规模阻击。达延汗充分发挥蒙古骑兵的机动性，将宣府副总兵白玉、宣府游击张雄，大同副总兵黄镇、大同游击穆荣的人马分割包围。

宣府总兵张俊闻讯，亲率三千将士驰援。在援军途经万全右卫的卫城时，总兵大人突然在非战斗状态下跌落马背，摔伤了脚。坠马后，张总兵将指挥权交给都指挥曹泰，自己则留在了相对安全的卫城。曹泰率领援军继续前进，行至鹿角山时，遭到蒙古军队的袭击。

危急时刻，一个宦官站了出来。他就是监枪太监李增。他率领五千明军，从宣府奔袭鹿角山，击退了包围曹泰的敌军。李增与曹泰合兵一处，继续进击，救出了已被围困多日的黄镇。明军又分兵数路救援被困在虞台岭的各路明军，白玉、李稽乘机率军突围。不过，围困张雄、穆荣的蒙军击退了明朝援军的进攻，张、穆二将力战而死。

达延汗集结大军，发动总攻。各路明军已被困六七日，先后阵亡将士多达2165人，伤员1156名。他们已无力对抗蒙古骑兵，只得且战且退，撤入万全右卫的卫城。

达延汗在调遣人马追击各路明军的同时，还派出一队骑兵来到总兵衙门所在的宣府城下。几名骑兵从怀中掏出间谍从京师买回的麻布冠和特制的饼，对着城上的明军将士不停地挥舞。或许他们还曾高喊："看看，这是什么？是不是皇帝大丧时用的?""你们的老皇帝死了!赶快投降吧!"[1]

达延汗这么做,除了扰乱敌方军心之外,还含着一种微妙的复仇心理。他不会忘记,他7岁那年(即成化十六年,1480),前任大汗,也是他的曾叔父满都鲁去世未久,两万明军突然出现在威宁海附近的蒙古营地。明军在兵部尚书王越、太监汪直的率领下,对毫无准备的蒙古部众发起进攻,擒斩六百余人。

达延汗奉送的这份"登极贺礼",激怒了少年天子。他任命保国公朱晖为总兵官、太监苗逵为监军,率领两万京军驰援宣府。朱晖、苗逵在弘治年间曾两次奉命对抗达延汗,对厚照而言,选择这两个人出征,可以算作比较稳健的决策。

日复一日,厚照期待着边疆的捷报。然而,前方传来的消息却是,达延汗以边民为向导,以明军俘虏为先锋,[2]进攻大同,劫掠古北口、蓟州等地。

厚照与当朝大臣知道,宣府等地距京师不远。蒙古骑兵如果自宣府衔枚疾进,十二时辰即可兵临城下。[3]为防止达延汗继续南下,惊扰先帝陵寝,迫近京师,厚照一边调动延绥、偏头关等地边军增援宣府、大同,一边派出五千京军分别奔赴居庸关、白羊口、紫荆关、倒马关和黄花镇,协同防守。

---

[1]《明武宗实录》卷1,弘治十八年五月戊申。

[2] 韩文在奏疏中写道:"诱我民人为向导,驱我俘虏为前锋。"陈子龙辑:《明经世文编》卷85。

[3] 时任户部尚书的韩文写道:"宣府密迩京畿,一昼一夜可以驰赴。"陈子龙辑:《明经世文编》卷86。

边疆的战事旷日持久，天子脚下的京师也动荡不安。

六月初四，厚照接到一份报告。报告上说，京师盗贼公行；他们在长安街上的西公生门、长安右门劫掠衣物，强夺马匹，行凶伤人。

厚照下令，在京军中挑选120名骑兵，按照东西南北分为四队，分别在玉河西堤、工部厂、彭城卫、惠民药局、富峪卫等地巡逻。同时，命令负责京城治安的五城兵马司，在分管的坊巷内昼夜巡逻。[1]

上述举措未能取得预期效果。大批丧失土地的农民和不堪重负被迫逃亡的百姓，流离失所，无以为生，不得不铤而走险。弘治十八年（1505）十二月、正德元年（1506）二月，先后有大臣在奏疏中提到"京畿盗贼，白昼横行""京畿内外，盗贼纵横"。[2]

更让新君感到苦闷的是国库空虚。按照明朝的惯例，厚照即位后，除了大赦天下之外，还要颁发登极大赏。受赏的人群包括各地亲王、文武大臣以及颁发敕书时在京的军士。[3] 其中内阁重臣刘健等三人的赏赐为每人白银30两，纻丝2表里；公侯驸马每人白银20两，一品、二品官员每人15两，在京军士每人2两。[4]

----

[1]《明武宗实录》卷2，弘治十八年六月丁巳。

[2]《明武宗实录》卷8，弘治十八年十二月戊寅；同书卷10，正德元年二月乙卯。

[3] 郭正域：《合并黄离草》卷24；徐学聚：《国朝典彙》卷154。

[4] 张元忭：《馆阁漫录》卷8；王世贞：《弇山堂别集》卷76。

登极赏共需用银140余万两。按照孝宗的先例，这笔钱应该主要由皇帝的内承运库发放，不足的部分由户部补齐。孝宗留下的内库存银有多少呢？顾命大臣刘健在奏疏中指出，自成化末年至今内库耗费数百万两，存银所剩无几。

由于内库存银不足，[1] 厚照只得命令户部筹措资金。

户部尚书韩文，山西洪洞人，成化二年（1466）进士，时年65岁。这位老臣给出的答复令新君大失所望。他指出大明国库空虚，再加上近来北方大旱，宣府、大同军情紧急（已运输白银38万两），国穷财匮已经达到前所未有的程度；户部无法筹措足够的银子，照例如数颁发登极大赏；他请求皇帝削减对各地亲王与文武百官的赏赐。

不久，三位顾命大臣奏请辞赏。由于位高权重，刘健等三人成为极少数领到登极大赏的人。他们在奏疏中赞同户部的建议，并强调由于国库空虚，酌情削减登极大赏情非得已。他们还表示："臣等三人独受厚赏，于心难安，恳请辞还。"

即位不久就自食其言，削减登极大赏并接受阁臣辞赏难免令新君颜面扫地。厚照虽然还只是个15岁的少年，但他不肯接受这样有损君威的建议。他命令户部按照成化二十三年（1487）的先例，逐步设法通融解决。对于三位顾命大臣的辞赏，他也断然拒绝。他说："这是大明历代皇帝的惯例，不要推辞。"[2]

艰难时世，需要英明神武的君主来力挽狂澜。厚照并不是

[1]《明武宗实录》卷4，弘治十八年八月丙辰、癸亥。
[2] 张元忭：《馆阁漫录》卷8。

合适的人选。他虽然聪颖过人，但生性贪玩又热衷骑射。如果他本人可以在皇帝和将军这两种身份之间选择，他很可能选择后者。可惜，上天并没有给他选择的机会，他必须扮演皇帝的角色。

据阁臣李东阳日后追述，厚照即位之初，时常天还没亮就视朝听政。[1] 然而，他的言行远不能满足士大夫的期待。

在这些崇奉纲常伦理、天人感应的精英看来，君主的道德水准是决定天下治乱的关键。如果君主道德高尚，完美无瑕，就会风调雨顺，国泰民安。相反，如果君主道德沦丧，冥顽不灵，便会天降灾异，民不聊生。因此，他们往往用圣人的标准要求君主，杜甫所谓"致君尧舜上"道出了众多士大夫的心声。

吏科给事中胡煜在给厚照的奏疏中也清晰地表述了这种思想：君主的品德与宇宙的运行相互感应，一个驳杂的念头，一个不恰当的举动，都会打破自然的平衡，导致灾异；为了防止过失，遏制欲望，皇帝要像近古明君那样，不但要在白天勤学苦思，还得在晚上召见名儒，求学问道。[2]

顾命大臣刘健也要求新君放弃所有的闲暇。纵然日理万机之余偶然得空，也不能忙里偷闲，必须趁机温故知新，穷究义理。

大小官员密切关注着厚照的一举一动，只要不符合他们心中的神圣标准，就会事无巨细、不厌其烦地上章规劝。

---

[1]《明武宗实录》卷23，正德二年二月己卯。
[2]《明武宗实录》卷12，正德元年四月丁巳。

厚照即位后在宫里挂了一些山水图。六月十一日，工科给事中王缜对此提出批评。他引经据典地指出，唐玄宗早年励精图治的时候，宫殿里挂的都是《无逸图》。天宝末年改挂《山水图》以供玩赏，结果招来安史之乱；无独有偶，宋徽宗喜爱山水图，结果导致靖康之难。他进而强调，君主的喜好并非无伤大雅的小节，而是关涉天下存亡的大事。[1] 他虽然没有明确要求皇帝摘掉山水图，但希望新君以史为鉴的意图昭然若揭。

一般而言，如果平安无事，大臣对皇帝的批评会有所克制。然而，一旦灾异横生，他们的指责就会变得格外尖锐。

偏巧，厚照登极之后，自然灾害、异常天象接连不断。例如，自弘治十八年（1505）六月至八月，京畿地区乌云密布，阴雨连绵，大水淹没庄稼，冲塌房屋。再如，正德元年（1506），彗星扫过内阶和太微垣，大雨淹没了中都凤阳的民居，南京暴风劲吹，雨水如注，迅雷不但击毁南京皇城的城墙，还击中孝陵白土岗上的一棵大树，树干起火，内焚中空；而京师流星陨落，天鼓自鸣，震雷还击中了郊坛、太庙、奉天殿等处的鸱吻、脊兽。

新君登极不久，京师重地、本朝定鼎之地（南京）和龙兴之地（凤阳）先后出现灾异，甚至郊坛、太庙、奉天殿和皇家的祖坟（孝陵）都未能幸免，这确实有些异乎寻常。即便是科学知识日新月异的今天，我们也只能用巧合来解释。当年的士大夫，更是难以做出理性的判断。于是，他们纷纷将矛头指向

---

[1]《明武宗实录》卷2，弘治十八年六月甲子。

新君。

在孝宗为厚照留下的众臣看来，少年皇帝的第一宗罪是酷爱骑射。骑射是当年驰骋沙场的必备技能，如果生在一个尚武的社会，善于骑射是一种值得夸耀的本领。然而，在崇文抑武的士大夫心中，骑射却是皇帝不务正业的表现。兵科给事中杨一漢指出，除了治理天下，钻研义理，皇帝不该有任何嗜好，驰马射箭尤其不是天子应该热衷的事情。礼科给事中周玺等人也规劝新君，不要痴迷骑射。[1]

第二宗罪是宫中练兵。顾命大臣刘健等人指责新君在宫中与众太监穿戴盔甲，张弓搭箭，模拟战斗。他们认为这是不祥的征兆。

或许是想要炫耀一下自己练兵的成果，厚照在参加郊坛祭天、太庙祭祖等重大仪式时，带上了大量披甲带刀的宦官。刘健等人指出，宣德、正统以前穿戴盔甲、配备武器的宦官极少；同时，祭天等仪式中也不该夸耀武力。他们还建议削减每天随驾视朝的宦官护卫。[2]

第三宗罪是游玩无度。厚照生性贪玩，且兴趣广泛。根据大小官员进谏的奏疏，他的爱好包括豢养鹰犬狐兔，打猎、钓鱼、划船、打球，欣赏歌舞、戏剧，游园观光等。刑科给事中汤礼敬提醒新君，醉心射猎，游乐无度会导致上天震怒，降下

---

[1]《明武宗实录》卷8，弘治十八年十二月戊寅；同书卷12，正德元年四月癸亥。

[2]《明武宗实录》卷9，正德元年正月甲午；同书卷14，正德元年六月庚午。

灾祸。监察御史刘玉规劝皇帝，不要将时间浪费在游玩、娱乐上，应该利用闲暇来钻研儒家经典和历史典籍。六科给事中与十三道御史还联名批评皇帝在退朝之后肆意游乐，他们认为这是有损圣君品德的行为。他们要求皇帝清心寡欲，一言一行都要符合《祖训》与先帝遗命。[1]

第四宗罪是微服出行。根据朝臣进谏的奏疏，皇帝有时孤身一人或只带极少的随从，便策马出宫，有时则带领一众宦官径出宫门。出宫之后，他除了打猎钓鱼、游园观光、泛舟湖上之外，还曾购买宫外物品，品尝宫外食物。

兵科给事中杨一溪以秦始皇出巡险些遇刺等历史典故，劝告新君深居宫中；如果迫不得已必须出宫，也要清道而后行。五府六部官员联名上书。他们以颇为惊诧、深感恐惧等措辞，来表达对皇帝轻出宫禁的不满，并强调皇帝肩负治理天下的重任，不能轻身犯险。[2]

第五宗罪是滥赏妄费。给事中周玺等人规劝皇帝，不要因为一时高兴就滥发赏赐。刘健、韩文等大臣指责新君将大量玉带、蟒服轻易地赐予幸臣。给事中薛金等人也批评皇帝设宴款待、赏赐酒肉的开销过于浪费，喂养虎豹、鹰犬的经费不断攀升。[3]

---

[1]《明武宗实录》卷5，弘治十八年九月戊申；同书卷12，正德元年四月壬申；同书卷14，正德元年六月癸酉。

[2]《明武宗实录》卷12，正德元年四月癸丑、癸亥。

[3]《明武宗实录》卷8，弘治十八年十二月戊寅；同书卷10，正德元年二月己卯；同书卷11，正德元年三月戊戌；同书卷15，正德元年七月癸未；同书卷16，正德元年八月丙子。

第六宗罪是不听直言，宠信群小。刘健等人批评新君疏远正人君子，拒绝听信逆耳忠言，从而导致下情无法上达，国事偏离正轨。刑科给事中汤礼敬提醒皇帝，奸邪之徒仰仗皇帝的宠信，作威作福，欺凌善类。李梦阳也在奏疏中指出，新君宠信的宦官朋比为奸，势必危害社稷。[1]

第七宗罪是视朝渐晚，免朝渐多。正德元年（1506）六月二十二日，刘健等人责备新君早朝迟到的情况越来越多，迟到的时间越来越长。同时，他们还指责皇帝传旨免朝的次数也日渐增加。[2]

第八宗罪是亲王代行祭祀。刘健等人指出，按照祖宗之法，每逢节日、忌辰，皇帝应该亲自参加祭祀仪式。他们指责新君近来时常派遣亲王代行。[3]

第九宗罪是久旷圣学。刘健、周玺等人批评新君对经筵、日讲态度消极，一曝十寒。[4]

第十宗罪是居丧不哀。上古时期，天子与庶民都要为先王守三年之丧（实际上是二十七个月）。中古以来，为先帝服丧的时间改为二十七天，这种做法被称为以日易月。按照传统礼制，服丧期间，禁止一切娱乐活动。阁臣刘健等人不否认以日

---

［1］《明武宗实录》卷12，正德元年四月壬申；同书卷14，正德元年六月庚午；李梦阳：《空同集》卷40。

［2］《明武宗实录》卷14，正德元年六月庚午。

［3］《明武宗实录》卷16，正德元年八月辛未。

［4］《明武宗实录》卷14，正德元年六月庚午；同书卷8，弘治十八年十二月戊寅。

易月的事实，但他们认为厚照在宫中仍须按照古礼，为孝宗守丧三年。在他们看来，即便厚照已遵照孝宗遗命，于正德元年（1506）八月十一日完成迎娶皇后的吉礼，但从三年之丧的角度讲，当时小祥刚过，厚照仍须保持对先皇的追思。掌管钦天监的少卿吴昊没有像刘健等人那样含蓄，他直言不讳地指责厚照服丧期间未能常保哀思，游弋、射猎毫无节制。[1]

不得不说，厚照的确不是一位勤政爱民的好皇帝，上述批评的部分内容无可辩驳。不过，如果我们更感兴趣的是历史真相，是一个真实生命的本来面目，那么有些问题仍须略加辨析。

酷爱骑射、宫中练兵是不是可以算作皇帝的罪过，是一个见仁见智的问题。微服出行、湖上泛舟在今天看来也应该是无伤大雅的小节，那么，居丧不哀呢？这是一个伦理问题，哪怕身处现代社会也会遭人非议。

朝臣对厚照居丧不哀的批评，容易使后人产生他毫无人性的误解。在一位历史学家撰写的历史小说中，厚照就被塑造成一个大逆不道的恶人。在这部书中，他在孝宗驾崩当天，除了"天性使然的亲谊之痛外，更是前所未有的兴奋"，"骤然君临天下，使他飘飘欲仙"；该书还写到，头七刚过，厚照回到钟粹宫后就不肯再穿丧服，他将"麻衣麻裳""扔在庭院地上"，

---

[1]《明武宗实录》卷4，弘治十八年八月辛巳；同书卷16，正德元年八月辛未。

又将"麻鞋甩入墙角"。[1] 这些叙述令人震惊。然而，限于该书的文体，作者并未说明史料来源。我反复查阅《明武宗实录》等明代典籍，并在中国基本古籍库中搜索，都没有找到这些叙述的史料依据。

《震泽纪闻》中的一条记载或许间接为这位历史学家提供了灵感。据说，太监萧敬对马永成、谷大用等太监引诱新君声色犬马十分不满。他说："先帝的灵柩还殡在宫中，天天鸣钟、击鼓，传扬出去，难免遭人非议。"[2] 上述记载唯一的时间线索是孝宗的灵柩。据《明武宗实录》，至弘治十八年（1505）十月，厚照仍在与大臣商议先帝梓宫发引的礼仪。[3] 也就是说，此时孝宗灵柩仍在宫中。因此，即便萧敬进谏确有其事，我也无法断定这件事发生在十月还是十月之前。

从刘健等人特意强调二十七天的大丧之后仍要在宫中遵守三年之丧的古礼分析，在二十七天的丧期之内，厚照并无违反礼制的行为。期间，礼部曾在孝宗驾崩的十二天之后建议厚照节哀，自即日起到西角门视朝。厚照以哀痛欲绝，不忍离开父皇灵柩为由，将他第一次视朝的时间推迟到六月初二。[4]

朝臣对厚照私德的批评始于八月二十九日，其中恰好包括吴昊"居丧不哀"的奏疏，这从另一个角度印证了二十七天之

---

[1] 韦庆远：《正德风云》，第15页。
[2] 王鏊：《震泽纪闻》卷下。
[3] 《明武宗实录》卷6，弘治十八年十月辛酉。
[4] 《明武宗实录》卷1，弘治十八年五月癸卯。

内厚照并未违反礼制。

厚照在他祖母王氏去世时的表现，也可以证明他绝非薄情寡义之人。正德十三年（1518）二月，太皇太后崩殂。当时，厚照身在宣府。他得到讣告后，不顾个人安危，单人独马，迎风冒雪，兼程赶回宫中。面对未能见上最后一面的祖母，他放声大哭，哀痛之声令在场的官员纷纷垂泪。[1]

至于厚照未能在宫中守丧三年，确是事实。然而，明代皇帝实际上也不可能遵循古礼。按照当时的礼制，新君不但要在先帝驾崩百日后变服视朝，未婚者还要在一年之后尽快完婚。这些都与三年之丧的礼制不合。

如果今天仍有卫道士从道德层面批评厚照，我只能提醒他们，早在春秋战国时期墨子就曾严厉地批评过厚葬久丧，孔子的学生宰予也曾对此提出质疑。此外，一年后，指责皇帝"居丧不哀"的吴昊被晋升为太常寺卿，可见厚照认为他的批评无伤大雅。

所谓久旷圣学也需要略加辨析。皇帝的学习方式分为日讲和经筵两种。厚照自弘治十八年（1505）十一月初三日起，开始参与日讲。他每天两次到文华殿暖阁学习。早上听儒臣讲授《论语》，中午学习《大学衍义》与《历代通鉴纂要》。由于天气日益寒冷，日讲自十二月十四日起暂时停止。没有朝臣对厚照这段时间的学习提出批评，因此我认为厚照当时的表现基本达到了群臣的预期。

---

[1]《明武宗实录》卷159，正德十三年二月戊子。

自正德元年（1506）二月初二日起，学习以经筵的形式重新开始。当日早朝过后，厚照及参与经筵的大臣来到文华殿，听李东阳、谢迁讲授《大学》首章与《尚书·尧典》首章。或许是《尚书》佶屈聱牙令厚照失去了学习兴趣，他开始以早朝后需要谒见太后与太皇太后或训练骑射为由，缺席经筵。三月初七，刘健批评新君，经筵名义上虽然开设了一个多月，可实际上新君前来听讲的日子一共才9天。[1] 按照刘健的说法，厚照当时大致每隔4天出席一次经筵。

厚照决定改过，此后他一度每日参与经筵。令他意想不到的是，一个月之后又有人批评他的学习态度。四月初八，给事中胡煜指责新君，说他虽然每天参与经筵，但是儒臣的讲授还没结束，他就已经心不在焉了。[2] 此后，《明武宗实录》中虽然还有厚照参与经筵的记录，但其频率就不得而知了。

无论如何，上述情形使我们明白，不能单凭朝臣所谓久旷圣学、一曝十寒的批评，就武断地认为厚照自即位之初就荒废学业。实际上，即便在正德六年（1511）以后，仍有他参与经筵的记载。

所谓亲王代行祭祀的批评，也有失公允。虽然孝宗在世时，每逢节日、忌辰通常会亲自到奉先殿恭行祭祀，同时派遣官员赴山陵代行祭祀。然而，自宣宗皇帝起，包括英宗、景帝、宪

---

［1］《明武宗实录》卷6，弘治十八年十月乙卯；同书卷10，正德元年二月辛亥；同书卷11，正德元年三月丁亥。

［2］《明武宗实录》卷12，正德元年四月丁巳。

宗通常只派遣官员去山陵献祭。

所谓代行祭祀的批评还容易使人产生厚照自即位之初便不肯参与重大仪式的错觉。实际上，厚照自登极以来，参加过很多典礼。在正德元年（1506）十月的政治风波来临之前，他先后参加了进献孝宗尊谥，奉安孝宗神主，进献皇太后、太皇太后尊号，奉桃熙祖皇帝神主，孝宗灵柩辞别太庙祖先，正旦，耕耤田，祭孔视学等仪式。

尤其值得一提的是孝宗灵柩辞庙礼。在礼部制定的相关仪注中，厚照进入太庙朝见祖先时，手捧神帛的本应是陪祭的荣王。不巧荣王因病无法陪祭，礼部建议挑选外戚代替荣王。为了展示自己的虔诚与孝敬，厚照拒绝了礼部的建议，决定亲捧神帛进入祖庙，恭行辞庙大礼。[1]

最后，说一下视朝的问题。如前文所述，刘健等人责备新君近日视朝渐晚、免朝渐多是正德元年（1506）六月二十二日的事。也就是说，厚照自弘治十八年（1505）五月即位以来，至少有一年左右的时间通常按时出席早朝。

被刘健等人批评后，厚照不再无故免朝。因此，八月十九日刘健等人再次就早朝展开批评时，只说近两个月视朝太晚，没有再提免朝的事情。[2] 然而，由于退朝之后，除了参与经筵之外，还要骑射、游乐、微服出行，厚照很难按时参加早朝。他时常日上三竿，才姗姗来迟，有时甚至日落西山才出席

---

[1]《明武宗实录》卷6，弘治十八年十月辛酉。
[2]《明武宗实录》卷16，正德元年八月丙寅。

朝会。

早朝对于群臣而言也是个苦差，天还没亮就得起床出发。多数朝臣与皇帝一样不喜欢上朝。如果皇帝干脆免朝，群臣可以一边享受清闲，一边痛骂皇帝怠政。

然而，新君不是不来，而是晚来，这令群臣痛苦异常。因为皇帝可以迟到，群臣却不敢迟到。自清晨起，群臣就恭敬地站在紫禁城中的殿前广场上。他们在风吹、雨淋或日晒中，等待，等待，继续等待……

据刘健等人描述，待日高数丈，皇帝驾到时，疲惫不堪的侍卫、杂役等人横七竖八，或坐或卧，各种仪仗也凌乱地丢在地上。为了保存士大夫的体面，刘健没有直接描述百官的疲态，但想必他们也已困顿不堪，萎靡不振。

早朝虽然被厚照拖成了午朝，但他与群臣却并未敷衍了事，朝会往往持续到黄昏方才结束。[1]

综合上述情况可知，厚照是一个复杂的历史人物。他有尚武的一面，苦练骑射，宫中练兵；他有贪玩任性的一面，打猎钓鱼，听歌看戏，微服出行，屡劝不听；他也有勤政的一面，弘治十八年五月至正德元年六月左右，他每天凌晨出发，按时出席早朝，此后他虽然往往迟到，但仍坚持上朝。

在正德元年（1506）十月的变故发生之前，厚照始终在困境中苦苦挣扎。他最初也想做一个好皇帝。他一度有所懈怠，但也曾试图改变。例如前面提到的，被批评后他曾坚持出席朝

---

[1]《明武宗实录》卷16，正德元年八月辛未。

会，参与经筵。他甚至一度宣布释放鹰犬，终止骑射。[1] 然而，他慢慢发现自己怎么也不能满足臣下的期待。

无奈之中，他也磨炼出一些应付大臣进谏的技巧。例如，皇帝也不能没有过错，知错能改，善莫大焉；再如，天变非常，朕确实应当反省，但众位爱卿也应与朕同心协力，痛加修省。[2]

不过，厚照毕竟没有放任自流。他试图治国、骑射、游玩三者并重。由于缺乏足够的睡眠和休息，他日渐消瘦。[3] 同时，他与朝臣的冲突也愈演愈烈。

---

[1] 《明武宗实录》卷16，正德元年八月辛未。
[2] 《明武宗实录》卷14，正德元年六月庚午。
[3] 李梦阳：《空同集》卷40。

第二章 迟来的新政

厚照不能独自治理天下，他必须借助文官、武官以及宦官的力量。武官在经历了明太祖的大规模杀戮之后，早已逐渐淡出了权力核心；宦官虽然一度出现过王振、汪直这样权倾朝野的巨珰，但是他们必须赢得皇帝的支持才能有所作为。与上述两个群体不同，文官有时最让皇帝头疼。这通常并不是因为他们有谋朝篡位的野心，而是因为他们会打着天理、王道、礼乐与祖制的旗号去约束皇帝。

自洪武十三年（1380）明太祖废除中书省以来，内阁大学士逐渐成为文官群体的重要代表。他们的权力虽然比不上前朝宰相，但他们可以通过票拟议政、起草诏敕，在明朝国家权力的运作机制中占有重要地位。

厚照即位后，文官集团的重要领袖也是三位内阁大臣。他们是刘健、李东阳和谢迁。

三人之中年龄最大、资历最深的是刘健。他时年73岁，河南洛阳人，天顺四年（1460）进士。成化年间，他长期担任皇太子朱祐樘的经筵讲官。孝宗即位后，顾念他的辅导之功，恩准他进入内阁，参与机务。

刘健刚毅、直率，政务练达，能断大事，是孝宗颇为倚重的老臣。李东阳、谢迁二人都是在他的推荐下进入内阁的。

李东阳，时年59岁，京师金吾左卫人，天顺八年（1464）进士，弘治八年（1495）进入内阁。他天资颖悟，4岁即以能写大字的神童闻名。成年后，他又以诗文名扬天下，成为文坛盟主。在政事方面，他思维敏捷，善于谋划。进入内阁后，阁中大小奏章大都出自他的手笔。

谢迁，也就是那个曾经谏阻孝宗选妃的人，时年56岁，浙江余姚人，成化十一年（1475）状元，弘治八年（1495）入阁。他谦和、方正，谙熟典章制度，与刘健、李东阳相得益彰。

孝宗十分信任这三位内阁大臣，重大政务与重要人事变动，都会与他们反复商议。

刘健、李东阳、谢迁也将孝宗视为难得一遇的明君，他们殚精竭虑地辅佐孝宗，期望能够创造中兴的局面。时人费宏将孝宗在位时期称为太平盛世，并盛赞孝宗及刘健等三人是良臣得遇明君的典范。谢迁本人也有类似看法。[1]

然而，所谓弘治中兴不过是虚无缥缈的幻象。刘健、李东阳等人对这一点也有所认识。

弘治十一年（1498），刘健等人趁内府、军器库、番经厂、乾清宫西面的七座建筑、清宁宫等处连续发生火灾的机会，直言极谏。他们指出，这些灾异是上天的谴责，皇帝应该感到畏惧并悔过自新。在他们看来，孝宗身边有一些奸佞之臣。这些人时常散布歪理邪说，蛊惑皇帝。说什么天道渺茫，天变不足畏；天下太平，灾祸不足虑。这些人还诱导皇帝通过斋醮、祈

---

[1] 焦竑辑：《献征录》卷14；谢迁：《归田集》卷3。

祷消弭灾祸，并将释放罪囚作为施恩、修德的手段。这些奸臣影响恶劣，不但导致政治腐败、贿赂公行、忠奸无别、赏罚失当，而且造成工役繁多、科敛百出、公私耗竭、百姓困苦。[1]

弘治十七年（1504），李东阳赴阙里参加重修孔庙落成大典。他在旅途中的见闻，反映了弘治末年的社会情况。闰四月，他乘船来到天津一带，恰逢大旱，麦田里的夏麦已经枯萎，扛着锄头的农夫面有菜色。运河上船只稀少，在漫天风霾之中，只有一些衣不蔽体的纤夫在岸上拉船。放眼望去，荒凉衰败的景象令人不寒而栗。

当他来到山东临清等地时，只见盗贼纵横，无恶不作。他又听路上遇到的南方客商说，淮扬一带饥民遍地；有人挖掘墓中的尸体充饥，有人低价贩卖子女，也有人流落他乡以抢劫为生。他还提到，江浙一带荒歉千里，朝廷虽然设法赈济，但收效甚微。当地百姓流散，军队空虚，粮仓中的储备不足十日之需，而官员俸禄已经拖欠多年。

李东阳在给孝宗的奏疏中大发感慨。他写道，明朝创建已经一百多年了，没想到偶尔一次灾荒竟然沦落到如此不堪的地步。一旦有大规模动荡，朝廷是否还能勉力支撑！他还将途中见闻与成化年间途经相同地域的经历进行对比，指出如今民生愁苦，州县凋敝的情况比当年严重十倍。

如果从弘治八年（1495）李东阳、谢迁进入内阁算起，刘健等三人辅佐孝宗十余年。为什么良臣得遇明君的佳话，实际

---

[1]《明孝宗实录》卷142，弘治十一年十月丙子。

上却是如此不堪呢？

李东阳在前述奏疏中道出了一些端倪。他指出，孝宗在位期间虽然曾多次让大臣指出弊政所在，群臣也屡次披肝沥胆。然而，一旦事涉内府或外戚，就有人掣肘；群臣提出的变革措施往往拖延数年，未见施行。

孝宗是如何虚应故事，让群臣的奏疏变为废纸的呢？最典型的例证就是孝宗给李东阳上述奏疏的回复。他承认李东阳忧国忧民，所言切中时弊。但他无意做出改变，只是下令各衙门讨论一下李东阳的奏疏中有没有切实可行的建议，如果有大家再详细讨论。[1] 这就等于说，意见我尽可以让你们提，随便怎么提都行，但别指望我会照做。

除了虚应故事之外，孝宗有时也会对刘健、李东阳等阁臣的进谏置之不理。弘治十年（1497），李东阳等人因太监李广引诱孝宗从事炼丹、斋醮等宗教活动，上疏进谏。他们指责孝宗沉迷道术，朝会之外不召见大臣，一年之中参与经筵日讲的次数屈指可数。他们还将道术视为迷惑世人的异端邪术，并引用宋徽宗信道反被金兵俘虏，唐宪宗服用丹药却导致疾病的历史典故劝谏孝宗。[2] 不过，孝宗的回应是暂时不讨论这些事情。[3]

虽然未必言听计从，孝宗却始终对这三位内阁大臣礼敬有

---

[1] 李东阳：《怀麓堂集》卷96。
[2] 郑晓：《吾学编》卷30。
[3]《明孝宗实录》卷124，弘治十年四月丁亥。

加。据说，他时常在文华殿、平台等处召见刘健、李东阳和谢迁。君臣见面后，孝宗往往令左右侍从退下，以便与三位阁臣密商国事。侍从偶尔会斗胆在屏风的缝隙中偷窥，却没看出什么端倪。只听得孝宗频频赞叹。

孝宗临终时，想到的顾命大臣还是刘健、李东阳、谢迁这三位老臣。据《名山藏》《国朝列卿纪》等史料，孝宗召见他们时，厚照在场侍立。[1] 然而，《明孝宗实录》，时人贾咏、杨一清、费宏分别撰写的《刘公健墓志铭》《李公东阳墓志铭》与《谢公迁神道碑》，并未留下厚照在场的记载。[2] 参照《明孝宗实录》将孝宗召见刘健等三人系于五月初六，召见厚照系于五月初七，我倾向于认为孝宗召见刘健等人时，厚照并不在场。

厚照缺席，有利于刘健等三人将孝宗的病榻遗命赋予新政的色彩。

温和、保守的孝宗无意革新。据《明孝宗实录》，他在驾鹤西去的前一天，将刘健等三人召至乾清宫。刘健等人在暖阁的御榻前叩头问安。龙床上的孝宗燥热难当，频频以湿布润舌。

与刘健等人说了几句客套话之后，孝宗宣布临终遗命，并命司礼监太监戴义执朱笔在榻前记录。孝宗遗命主要强调了两件事：一是重申厚照是张皇后所生，强调厚照继承皇位的合法

---

[1] 何乔远：《名山藏》卷70；雷礼：《国朝列卿纪》卷11；过庭训：《本朝分省人物考》卷90。

[2] 贾咏：《刘公健墓志铭》；杨一清：《李公东阳墓志铭》；费宏：《谢公迁神道碑》；俱载焦竑辑：《献征录》卷14。

性；二是要求尽快为厚照择偶完婚。最后，孝宗握住刘健的手，反复叮咛："先生们辅导皇太子会非常辛苦，这些朕都知道"；"皇太子虽然聪明，但年纪还小……先生们要引导他读书，辅导他做个好人。"

孝宗遗命没有只言片语提及新政，孝宗遗诏也没有类似内容。[1]

与孝宗不同，刘健等三人始终有意革新，奈何十余年来未能获得孝宗的实际支持。当他们成为顾命大臣，辅佐年仅15岁的厚照时，他们认为期待已久的机会终于来了。

他们按照自己的意愿代厚照撰写了登极诏书。在这份诏书中，他们首先将孝宗塑造成一个决心革除弊政，却在即将大展宏图时意外辞世的英明君主。同时将厚照描绘成一位遵照先帝遗命推行新政，力图完成父皇未竟事业的继述之君。接着，他们在诏书中列出44条具体措施。这些措施可以视为刘健等三人为厚照制定的新政纲领。下面我将简要概括登极诏的主要内容。需要说明的是，下列每条措施前面的序号是我按照诏书原文的次序添加的。

如果以是否触动既得利益群体为标准，这些措施可以分为两类。先来看一下不触动既得利益群体的措施。

首先，大赦天下。登极诏通常会大赦天下，刘健等人所写也不例外。他们撰写了9条不同类型的赦罪措施：第1条，赦免官民此前的犯罪行为，但十恶等重罪除外；第3条，赦免受罚

---

[1]《明孝宗实录》卷224，弘治十八年五月庚寅、辛卯。

官吏；第17条，宽免因公事等讹误，特旨降调为民或充军的官吏；第18条，宽免罪过较轻的充军官吏；第21条，受贪腐牵连的在逃官吏自首免罪，但仍须革职；第23条，恢复官吏因故停支的俸粮；第34条，删除官吏的过错记录；第40条，免追部分监造官吏侵盗的钱粮；第42条，因私役军人未及5名，或守边失误但被掳百姓不到5人而降职的武官，官复原职。

其次，招抚逋逃。由于土地兼并日益严重，自正统年间以来大量失去土地的百姓流离失所。这些流民不再承担国家摊派的赋税和劳役，削弱了国家的财政基础和统治基础。经过几十年的发展，流民已经成为严重的社会问题。弘治年间盗贼纵横，就是流民问题导致的社会现象。为了解决流民问题，刘健等三人制定了4条措施：第8条，近期因故逃亡的卫所官军，如果能在诏书公布的两个月内自首，既往不咎；第9条，充军逃回者，不再加重惩罚，仍发送原定卫所；第13条，被迫从贼者自首免罪，并免除差徭一年；第19条，逃亡匠人如果可以在诏书公布后三个月内自首，免除罪责。

其三，蠲免逋赋。大量流民逃亡后，导致部分赋役无人承担。朝廷为了维护自身利益，会将逋欠摊派给没有逃亡的百姓。这无疑加重了尚未逃亡者的生存负担，部分无力应承的百姓只得也走上流亡的道路。这反过来又使得部分国家赋役实际上无法征收。为了缓解社会矛盾，刘健等人决定蠲免部分逋赋。这项措施共7条，蠲免范围不但包括民户，也包括军户、匠户和灶户：第2条，蠲免弘治十六年（1503）十二月以前造作及年例坐派、买办及采办物料；第4条，免除弘治十六年（1503）

十二月以前各处拖欠税粮、马草、屯田子粒等，免除交纳途中丢失、损坏或尚未征收的岁办、采办物料，蠲免正德元年（1506）应征的食盐、钱钞等；第7条，免除弘治十七年（1504）以前各处卫所拖欠未造军器；第11条，免除弘治十六年（1503）十二月之前拖欠、消折盐课；第12条，免除弘治十六年（1503）十一月以前因寄养孳牧马牛驴死亡或丢失需要赔偿的银两，免除京营、边军因操马死亡需要赔偿的银两以及牧马草场等处的未征银两；第20条，蠲免弘治十七年（1504）十二月以前运河沿岸州县、卫所尚未征收的芦苇茭茅、夫价等项银两；第26条，蠲免弘治十五年（1502）十二月以前河南钧磁二州等地拖欠烧造瓶、坛等物。

这些蠲免政策有一个原则，即已经征收的并不退还，只免除征收不上来的。也就是说，上述政策给予百姓的实惠相对有限。

其四，惠民政策。正统年间以来，百姓承担的赋役日渐增多，大小官吏的勒索也越演越烈。刘健等人针对民生凋敝的情况，制定了7项措施：第6条，停免苏松杭嘉湖并应天府等处改织并差人坐守织造等；第15条，减免柴炭采运；第16条，除潴水淹、沙压等不堪耕种土地的税粮；第24条，正德元年（1506），为部分降低南方缴纳漕粮百姓的运输费用，将漕运粮米的20%折银征收，下不为例；第31条，责令南京兵部在南京马快船运输中，推行节省费用、便利民众的措施；第37条，各王府、镇守停止例外贡献，以免烦扰沿途军民；第44条，在京征收钱粮的官吏不许刁难各地纳税百姓。

其五，收回成命。这些措施共有2条：第35条，终止近日发布的以下命令，即送5岁至15岁私自净身男子到礼部拣选；第36条，终止近日发布的以下命令，即查选南京、各布政司及各王府多余的精通技艺的乐工。上述两条命令实际上都是孝宗临终前发布的，刘健等人为了顾全孝宗颜面，未明言孝宗，仅云"近日"。

最后，不触动既得利益群体的措施还包括以下6条。其中与选拔人才有关的共2条，即第32条，允许六部、都察院等衙门三品以上的长官以及巡抚、巡按、布政使、按察使荐举人才；第33条，举人出身，任满六年的教官，如果才行出众，可以改授科道官或州县正官。与法制有关的3条，即第14条，复审存在疑问或有情可原的重囚；第39条，问刑衙门依律断案，无律可循才可以参考先例；第43条，禁止以贪功图利为目的，缉捕强盗、奸细等。与广开言路有关的1条，即第38条，允许臣民对政事得失、军民利病直言不讳。

登极诏触动既得利益群体的措施可以分为四项，这四项主要与财政及军事问题有关。

首先，禁止非法兼并土地、投献及管庄勒索。严重的土地兼并是造成百姓流亡、盗贼四起的主要原因，刘健等人决心解决这个问题。这类措施共3条：第22条，重申皇亲、勋戚及势要之人不得接受投献、包揽钱粮，不得霸占关厢、渡口、桥梁等处开设铺店，不得侵夺民利；如有违反，治以重罪；第25条，禁止奸诈之徒将编户齐民的纳粮土地当作无主荒地或不堪耕种的土地投献给王府或势要之家；如果违反，限诏书颁布一个月内自行改正；否则，允许被害人揭发，官府从公处理；第28条，钦赏庄田有司代征税粮，不许管庄分外勒索。

其次，整顿盐法。明朝的盐法不但是一项食盐专卖政策，同时还与北部边疆的军粮供应有关。简单地说，商人如果想要获得食盐专卖的资格，可以将粮食运到军粮紧缺的北边军事防御区，或者在边疆开垦荒田，提供相应的粮食。朝廷会按照援边粮食的数量给予相应的食盐专卖权，并颁给盐引作为支取、运输、销售食盐的凭证。这项政策对于解决北部边疆的军粮问题具有十分重要的意义。然而，法久弊生。皇帝钦赏，皇亲、势要人家奏讨、奏买盐引，皇亲、势要之家夹带私盐等行为，极大地破坏了食盐专卖制度。商人到边疆地区用粮食换来的盐引，逐渐不能获得相应的利润。因此，很多商人不肯再用粮食换取盐引。上述现象对明朝的财政政策和北部边疆的军事防御产生了很大的破坏作用。

为了解决这个问题，刘健等人决定整顿盐法。诏书第5条规定，已经赏赐、奏讨、奏买的盐引，如果尚未到盐场支取，停止给盐，盐引还官；今后不许势要之家及各类官员奏讨盐引；同时，贩卖食盐时要按照相应的售盐区销售，不得跨区售卖。

其三，裁革冗官。自天顺年间以来，由于皇帝滥封，宠臣奏讨等原因，明朝出现了大批冗官。这些冗官极大地消耗了朝廷的财政资源。刘健等人决心解决这个问题，相关措施共3条：第27条，强调冗官越来越多，导致部分官员拿不到俸禄，这些拿不到俸禄的官员如果不甘心挨饿受冻，势必盘剥百姓以求温饱；上述情况使得国家和百姓深受其害，因此，必须大规模裁革冗官；第29条，裁减各处兵备、守备、劝农、捕盗、水利等官；第30条，裁减马房、仓库及各门等处添设内官，取回各处添设镇守、守备等项内官。[1]

其四，禁止占役军士。正统年间以来，其他衙门或势要家族的占用，使军士无暇从事军事活动。这逐渐造成了明朝军队行伍空虚的局面。其中占用锦衣卫军士的势要家族，还可以趁机谋财害命。因此，刘健等人推行如下2条措施：第41条，不许役占京营官军；如果种菜种蓝官军逃亡，不许逼迫卫所官员包赔月钱；第10条，禁止奏讨、借用锦衣卫官军。

厚照对于刘健等人推行的新政难免会有一些抵触情绪。他虽然只有15岁，却也知道这些政策实际上并不是父皇的临终遗命。同时，他也很清楚，以他的名义颁布的登极诏实际上也与他本人的想法无关。他看起来只是一个坐在皇帝宝座上的木偶，任凭刘健等人操控，他不甘心。

刘瑾，时年55岁，陕西兴平人，本姓谈，自幼净身，景泰年间入宫。在投靠某位刘姓宦官之后，便改姓刘。

他曾是厚照的东宫玩伴，时任钟鼓司太监。此人善于察言观色，揣摩主子心理。为了迎合皇帝，他多次对厚照表示，孝宗在世时，皇帝徒有虚名，权力实际上掌握在内阁大臣手中。

钟鼓司除了掌管报时之外，还负责为皇帝安排音乐、戏曲等娱乐节目。刘瑾知道厚照喜欢看戏，便利用职务之便，编排

---

[1] 孔贞运辑：《皇明诏制》卷6。

了一些弘治年间权在内阁的戏剧，时常演给皇帝看。[1] 这些戏剧加强了厚照对内阁大臣，甚至文官群体的抵触情绪。

厚照与刘健等人的矛盾并非只是一位少年天子与顾命老臣的私人恩怨。刘健等人的新政虽然只是想要恢复明初旧制，革除时弊，算不上大刀阔斧的改革。然而，他们的部分举措毕竟触动了既得利益群体。这些既得利益者不会甘心受挫，他们会想方设法赢得新君的支持。一旦厚照选择站在既得利益群体一边，新君与阁臣之间的矛盾就渗入了不同群体的利益冲突。

最初，厚照隐忍不发，没有贸然与以内阁为首的文官群体翻脸。例如，弘治十八年（1505）五月，厚照批准了太监李兴的奏请，答应调拨一千名官军协助运送孝宗的丧葬物品。给事中潘铎等以登极诏中有不准擅役军士的条目予以反对。他们还说，李兴等人假公济私，试图趁机盘剥这些军士。厚照闻言不悦，但仍决定不再调派军士。无奈李兴却以人手不足为由，坚持奏请。厚照只得命兵部官员商讨处理意见。兵部官员认为新君嗣位不久，正是收拾人心、提高威望的时候，不宜自己违反刚刚颁布的登极诏。运送丧葬物品的事情，还是李兴自己设法处理为好。厚照最终听从了兵部的意见。[2]

随着时间的推移，厚照不再委曲求全。他在新政的诸多层面与刘健等人产生了矛盾。

当初，厚照在登极诏书颁布后曾下令清查各衙门役使军士

[1] 陈洪谟：《继世纪闻》卷1。
[2] 《明武宗实录》卷1，弘治十八年五月丁未。

的情况。经查，被占用的军士多达33600余人。例如，嘉蔬所占用711人，尚膳局占用401人，锦衣卫占用7577人。厚照曾下令各衙门占用的军士一律裁革，退回军营操练。他的上述决定无论是否迫于阁臣的压力，都符合登极诏中的新政原则。然而，正德元年（1506）二月左右，保国公朱晖、太监萧寿等人指出，尚膳局、锦衣卫等衙门役使军士是早已推行的旧制，不必裁革。于是，厚照决定违背以他的名义公布的登极诏，下令上述被役使的军士仍然留在现属衙门，不必送回军营操练。

负责监察的科道官群情激愤，六科给事中、十三道御史纷纷进谏。他们指出朱晖、萧寿等人以旧制为名，误导圣上；如果不将占役军士送回军营，那么前期的清查工作徒劳无功，行伍空虚的局面也无法得到改善。厚照此时已经找到了应对所谓先帝遗命、登极诏书的秘诀，那就是旧制。他重申自己的决定都是遵循旧制。他还强调，这些旧制至少在弘治年间已经推行，你们如果觉得不对，怎么那个时候不提意见！你们现在一而再再而三地对旧制提意见，是扰乱朝纲。朕本可以问你们的罪，但朕现在的心情还不算太坏，暂时不与你们计较。[1]

厚照与文官群体在庄田问题上也产生了矛盾。在北直隶真定等府，分布着大量庄田。这些庄田由皇家直接经营，因此被称为皇庄。每个皇庄通常派一名太监负责管理，俗称管庄。这些管庄太监往往不满足于征收税粮。有的奏请征收苇场税，有的奏请对来往客商征税。这些请求都得到了皇帝的批准。正德

---

[1]《明武宗实录》卷10，正德元年二月乙丑、丁丑。

元年（1506）正月左右，张皇后的胞弟张鹤龄、张延龄的家人奏报，京畿百姓侵占皇庄土地。厚照大怒，发出驾帖，命锦衣卫赶到京城数百里之外，抓捕鲁堂等200余人，押送锦衣卫镇抚司。经过审讯，鲁堂等人的供词与二张家人的奏报不符。然而，鲁堂等人并未幸免于难。他们又被押到真定府等衙门审问。受此案牵连，鲁堂等人大都倾家荡产。[1]

事情发生后，科道官纷纷进谏。他们表示，按照弘治年间的惯例，皇帝一般只在京城及近郊发驾帖抓人，现在发驾帖去数百里外抓人，会令京畿百姓惶恐不安。皇帝在推行新政的过程中，做出这样的事难免被人诟病。[2]真定都御史王璟的意见更为激进，他请求革除皇庄，将土地分给当地百姓耕种。

厚照命户部官员开会商讨处理此事的方案。户部尚书韩文等人提议革除皇庄，撤回管庄太监及皇庄校尉，地方官代征税粮并送往内承运库。这个建议与登极诏中的新政措施完全一致。

厚照没有否认群臣建议的合理性，也肯定了这些意见的出发点是为国为民。然而，他强调这些皇庄土地的收入是用来孝敬皇太后和太皇太后的，因此他不能完全听从户部的意见。他也在一定程度上做出了妥协。他表示，今后每个皇庄只留太监一人，校尉十余人，超出这个限制的太监、校尉全部召回；同时，留下的管庄人员按例收租，不得扰民生事。

---

[1] 王世贞：《弇山堂别集》卷94；《明武宗实录》卷10，正德元年二月丁丑。

[2]《明武宗实录》卷9，正德元年正月乙丑。

刘健等阁臣眼见皇帝不肯按登极诏行事，大失所望。他们重申皇庄土地的税粮应该由地方官代征。他们还指出，如果仍用太监、校尉管理皇庄，这些人狐假虎威、鱼肉百姓，在所难免。现在京畿地区盗贼纵横，都是这些小人的罪过。如果听之任之，京畿地区日后可能会发生更大的动荡。

厚照不为所动，执意不从。[1]

在裁革冗官方面，厚照与文官群体也不能相安无事。弘治十八年（1505）九月，大汉将军薛福敬等48人故意在当值那天不进入大内侍卫。厚照大怒，驸马都尉樊凯代薛福敬等人解释。原来这48人皆非因功升职，兵部在裁革冗官时拟将他们降职使用。他们心中不平，因此不肯当值侍卫。厚照当即决定，薛福敬等人仍任原职，继续侍卫。为惩罚兵部处事不当，他下令除了尚书、侍郎之外，兵部官员皆罚没两个月的俸禄。遵照登极诏行事的兵部官员据理力争，但厚照置之不理。[2]

更令文官群体难以接受的是，宣大战事的冒功、滥赏又制造出更多的冗官。弘治十八年（1505）十月，达延汗被迫撤军。[3]然而，不少文官对率军驰援的朱晖、苗逵十分不满。有人认为他们闭门不战，有损国威；有人认为他们在率领京军作战时躲在边军阵后，畏葸不前；更多的人指责朱晖、苗逵等人

---

［1］《明武宗实录》卷10，正德元年二月乙卯。

［2］《明武宗实录》卷5，弘治十八年九月乙酉。

［3］《明武宗实录》卷6，弘治十八年十月丙辰。

虚张声势，肆意冒功。[1] 刘健、李东阳等阁臣也指出，朱晖、苗逵等报功时居然开列冲锋破敌、三次当先两项。按照明朝的制度传统，可以晋升的军功并不包含上述两项。然而，不少人却通过冒认这两项莫须有的功劳得以升职。[2]

或许是因为朱晖、苗逵毕竟逼退了达延汗，保住了少年天子的颜面，厚照坚持大加封赏。其中朱晖加封为太保，苗逵岁加禄米十二石。同时，因擒斩敌首、督战受伤或阵亡得到升赏的官军多达4061人。[3] 这数千人中冒功者居多，大量新的冗官由此产生。

厚照与文官群体在添设宦官方面的矛盾更为尖锐。天顺年间以来添设的各类宦官也是登极诏宣布重点裁革的冗官。弘治十八年（1505）八月，兵部奏请遵循登极诏裁革近几十年各地添设的监枪、分守、守备等宦官24人。厚照以边疆扰攘，正值用人之际为由断然拒绝。不久，兵部又奏请按照登极诏裁革天顺年间以来添设的京城、皇城的守门宦官。厚照直接否决了这项提案。他表示，朕登极前已经添设的不必裁革，如果以后再有添设，按登极诏办理。[4]

然而，不久，新添设的宦官就出现了。例如，正德元年（1506）三月，尚膳监太监刘杲请求监督京仓，厚照慨然应允。

---

[1]《明武宗实录》卷4，弘治十八年八月辛巳；同书卷5，弘治十八年九月丁未；同书卷11，正德元年三月乙酉。

[2]《明武宗实录》卷10，正德元年二月丁丑。

[3]《明武宗实录》卷11，正德元年三月己丑。

[4]《明武宗实录》卷4，弘治十八年八月乙丑、乙亥。

户部侍郎陈清进谏：弘治年间以来，仓场多次添设内官，登极诏明言裁革；如今不但不见裁革，反而新添冗官；圣上这么做将失信于天下。厚照固执己见。[1] 再如，同年六月，厚照在京通二仓总督内官已满二员，监督太监已多三员的情况下，再次添设冗官，命太监赵忠前往任职。[2] 同时，厚照还在各地添设了不少镇守、分守等内官。[3]

厚照在各地继续添设宦官，有利用宦官群体对抗文官群体的意味。同时，也有经济利益的考虑。

厚照即位后，最令他头痛的是财政问题，内承运库没钱，户部哭穷。堂堂天子，却在用钱方面捉襟见肘。据说，太监刘瑾告诉皇帝："司礼监太监非常有钱。各地的镇守内官由他们荐举，他们趁机榨取大量钱财。爷爷要是不信，就把司礼监掌印太监李荣的家抄了。我保证抄出来的金子、银子，能堆满三间房。"接着，刘瑾话锋一转："爷爷要是想找点钱花，其实也不难。您就将各地的镇守内官召回，再换一批人过去。谁想去，谁就备上白银一万或二万两孝敬爷爷。这不比让司礼监那帮人白捡便宜强！"于是，厚照依计而行。[4]

厚照与文官群体在整顿盐法方面也存在矛盾。登极诏宣布整顿盐法，然而不久，刘健等大臣就不得不自食其言。这主要

---

[1]《明武宗实录》卷11，正德元年三月戊申。

[2]《明武宗实录》卷14，正德元年六月丙寅。

[3]《明武宗实录》卷15，正德元年七月癸未。

[4] 陈洪谟:《继世纪闻》卷1。

是因为国库空虚，登极大赏无法如数发放。刘健、李东阳等人只得听从多数官员的意见，派人赴各地贩卖盐引来筹措赏金。这无疑会留给厚照这样一个印象，即盐法可以通融。

弘治十八年（1505）八月左右，张太后胞弟张鹤龄的家人杜成、庆云侯周寿的家人周洪等公然违背登极诏，以买补残盐为名，奏请购买长芦、两淮盐引。厚照命户部官员开会商讨处理意见。户部尚书韩文奏称，登极诏颁布天下，皇帝要整顿盐法已是人所共知。臣等不敢违背登极诏中的规定，商讨奏请盐引事宜。

不久，厚照又下诏，杜成等人此前已将银两交付户部，应该按照先帝的旨意允许买补。他同时强调，此前不曾向户部缴纳银两的，一律不许买补。韩文表示惶恐。他指出，先帝虽然曾恩准杜成等人买补，但众臣不断进谏，先帝已幡然悔悟；可惜还没来得及更正，就已龙驭上宾；因此，无论是按照祖宗之法、先帝遗志还是陛下的登极诏书，都不能允许杜成等人买补残盐；即便他们已在户部交付银两，也属于尚未领取盐引的事例，应该停止领取；此外，如果杜成等人手中有已经领取但尚未兑换的盐引，也需要停止兑换，归还官府。

厚照不为所动。[1]

正德元年（1506），厚照与刘健等人再次因盐法产生争执。八月，厚照违背登极诏的相关规定，派太监崔杲前往应天府等地织造彩妆缎匹。工部尚书曾鉴谏止未果。九月，崔杲以经费

----

[1]《明武宗实录》卷5，弘治十八年九月癸未。

不足为由，奏讨长芦往年剩余的盐引12000引。户部尚书韩文等进谏无效，被迫妥协，答应给崔杲6000引，同时再补给他相当于6000引的白银。刘健等人将先帝决心整顿盐法，不料未及实行便驾鹤西去的故事又讲了一遍。他们还强调直接拨给崔杲银子更为方便，如果给盐引，他势必夹带私盐，这将使整顿盐法的努力付诸东流。[1]

厚照对这些大臣的处理方式非常不满。因为成化年间织造给予长芦盐引5万引。弘治年间织造给予长芦盐引3万引和两淮盐引2万引，现在崔杲只奏讨12000引，为什么就得折半呢！何况崔杲奏讨的是弘治十二年（1499）拨给织造的专用盐引中剩余的部分，[2] 他愤然下旨：朕已经多次说过，盐引要足数颁给崔杲等人。你们为什么反复奏扰！今后不要再提这个事情了，否则朕定要问罪。[3]

或许是为了缓和关系，九月十五日，厚照在日讲结束后，特意将刘健等人召至暖阁，当面要求将盐引足数交给崔杲。他还指出盐法既然可以通融，那就应该给足12000引而不是只给6000引。刘健等人再次强调夹带私盐的问题，李东阳还特意指出这些人通常一引夹带数十引。

"如果有夹带的事情发生，朕自会依法处置。"厚照道。

---

[1]《明武宗实录》卷16，正德元年八月乙卯；同书卷17，正德元年九月辛卯。

[2] 陈子龙辑：《明经世文编》卷85。

[3]《明武宗实录》卷17，正德元年九月戊子。

李东阳和颜悦色地解释："这些人得到圣旨后，往往在盐船上打出黄色旗帜，旗上写着钦赐皇盐之类的字样。州县和驿站官吏见状不得不小心应承，稍有不慎，就会被他们施以笞刑，备受折辱。至于盐商、灶户即使被这些人万般欺凌，也不敢喊冤。因此，不如防患于未然。"

刘健、谢迁闻言，连声附和。

厚照的耐心被耗尽了，他十分严肃地说："天下间的坏事都是宦官做的吗！你们这些文官就都是好人！我看十个里面，坏人也得有六七个。朕说得对不对，三位老先生心里清楚。"或许压制已久的怒气无法克制，他不待刘健等人回答又将这些话重复了一遍。[1]

---

[1]《明武宗实录》卷17，正德元年九月辛卯。

第三章 改弦易辙

刘健、李东阳、谢迁三人相顾无言。厚照咄咄逼人，他表示必须将盐引足数给予崔杲等人。刘健等未置可否，仅云："请陛下容臣等再议。"随后，三人便叩头离开。厚照仍不肯甘休，他派司礼监太监追至殿中，重申盐引必须足数。刘健等人不卑不亢，坚持再作商议。

不知道是害怕触怒皇帝还是蓄意曲解，那个司礼监太监谎报三位阁老已经应允。刘健等三人还没回到内阁，就听到了这个消息。

他们心中想必五味杂陈。他们记得孝宗驾崩前的殷切嘱托，也不会忘记三人商讨登极诏时的意气风发。可是，慢慢地，他们发现，少年天子不但不肯言听计从，而且处处针锋相对。他们不断为国家的长治久安出谋划策，却被天子视为多嘴多舌；他们为治理国家勤恳做事，却被天子认作惹是生非；他们想要革除几十年来的弊政，却被天子说成变更旧制；他们反复直言极谏，却被天子当作不断搅扰。

他们逐渐认识到，国计民生、百年大计在皇帝心中无足轻重；那些得宠的宦官、勋贵、外戚等人才是皇帝极力保护的群体；甚至一两个宠臣的歪理邪说，就可以让皇帝不惜与满朝公卿为敌。

更让他们难以忍受的是所谓中旨，也就是不通过内阁发出的旨意。这种旨意不但不符合规章制度，而且架空了内阁的权力。

他们忍无可忍。七个月前，他们上疏痛陈皇帝登极后的十大弊政，并愤然提出辞呈，但没有得到批准。[1]

如今他们决定以去留为赌注直言极谏。他们在呈给皇帝的奏疏中写道：能否听从大臣忠告是国家治乱的关键；陛下如果想要天下太平，就得听从逆耳忠言；如今臣等要维护盐法，而陛下却一意孤行；就算崔杲等人不会夹带私盐，这件事也会败坏陛下虚心纳谏的令名；臣等不是不明白顺承得宠，逆鳞获罪的道理；然而，臣等不敢贪恋禄位，不愿误国误民，不甘成为天下后世的罪人；恳请陛下以胸怀天下的度量，接受臣等的谏议；如果陛下认为臣等过于迂腐，不堪辅佐陛下，那就请陛下另选高明，放臣等告老还乡。

三位顾命大臣在辅政一年之后便挂冠而去，毕竟是一件难堪的事。厚照在权衡利弊之后，做出让步。他表示：朕已经明白众位大臣的苦心，崔杲的事就按三位老先生的意思办。[2]

突如其来的胜利，似乎让刘健等人看到了扭转乾坤的契机。他们决心乘胜追击。这次，他们要除掉皇帝身边的几个幸臣。

就像中国古代的大多数士大夫一样，刘健等人认为皇帝都

---

[1]《明武宗实录》卷10，正德元年二月戊辰。

[2]《明武宗实录》卷17，正德元年九月辛卯。

是圣人。如果皇帝有错，那肯定是遇人不淑，不是红颜祸水就是宵小跳梁。他们将矛头指向皇帝身边的八个太监。

这八个太监是丘聚、魏彬、马永成、谷大用、张永、刘瑾、高凤和罗祥。他们都是在东宫时期就跟随厚照的玩伴，陪着他声色犬马，寻欢作乐。厚照即位后，这八个人更是变本加厉，无所不用其极地迎合少年天子的逸乐之心。由于他们仗恃皇帝的恩宠横行无忌，时人称之为"八虎"。

实际上，早在刘健等人之前，已有不少科道官弹劾"八虎"。顺应三位阁老，将除虎行动推向高潮的是李梦阳。

据李梦阳回忆，当时每次退朝的时候，户部尚书韩文都会当着属官的面潜然泪下。李梦阳了解，韩文垂泪是因为"八虎"跳梁，朝政日非。于是，他劝说韩文响应刘健等阁臣剪除"八虎"的提议，鼓动九卿重臣冒死力争。韩文慨然应允。

第二天，李梦阳代韩文写下进谏奏疏。由于这份奏疏是在韩文征得刘健等众位大臣的同意后写就的，[1] 因而可以视作文官群体讨伐"八虎"的檄文。

这份奏疏仅有二三百字，简洁洗练。李梦阳先将朝政日非、政令失当、龙体欠安、灾异频仍归罪于"八虎"。为了强调"八虎"的危害，他又将"八虎"与汉朝的十常侍和唐朝的干政宦官相提并论。最终，他代韩文恳请皇帝割私恩，斩"八虎"，挽回天心，消弭祸乱。

根据时人郑晓的记载，厚照看到这份奏疏后惊恐不安，泫

---

[1] 李梦阳：《空同集》卷40。

然涕下，继而茶饭不思。[1] 在我看来，15岁的厚照完全有可能做出上述反应。试想，一群平时高喊仁义道德、天理心性的士大夫，忽然一开口就要杀戮八条鲜活的生命。更何况这八个不是敌人，不是陌生人，而是从小陪着他长大的玩伴。他该怎么理解众位大臣的逻辑呢？陪皇帝玩得畅快就是死罪，杀了马永成、刘瑾等人，他就会变成众臣期待的圣人？

无论他的内心深处曾经荡起多少波澜，他都选择了妥协。他派陈宽、李荣、王岳等八名司礼监太监赴内阁告知刘健等人："皇帝已经幡然悔悟，决心痛加修省。至于马永成等人，仍需宽容。"出乎厚照的预料，他的要求被刘健、李东阳等人断然拒绝。[2]

厚照不得不再次让步。他又派陈宽、李荣、王岳等人到内阁探听口风，他们故意透露，皇帝有意将马永成、刘瑾等人革职，并押送南京软禁起来。刘健、谢迁等人对这种处置非常不满。刘健一把推倒桌案，放声大哭，他厉声说道："先帝驾崩之前，握着老臣的手，将国家大事付托臣等。如今皇陵上的土还没干，马永成、刘瑾等人就闹到这步田地。日后臣等到了地下，有何面目去见先帝！"[3]

厚照见内阁不肯让步，便派人召见韩文等弹劾"八虎"的六部大臣。这些大臣老于宦海，深知政治斗争的风险。他们面

---

[1] 郑晓：《今言》卷4。
[2] 薛应旂：《宪章录》卷44。
[3] 《明武宗实录》卷18，正德元年十月戊午；李梦阳：《空同集》卷40。

色凝重，惴惴不安。当众臣进入左掖门时，吏部尚书许进忍不住埋怨韩文："你在奏疏里究竟写了什么！"

韩文没作声。他知道事态严重，便假意提鞋，避开许进。他又故意缓步而行，待吏部侍郎王鏊走近他身边时，立即嘱咐他去内阁打探消息。

王鏊急忙赶到内阁，说明来意。刘健答道："事情已经有七八分把握，你们一定要坚持下去，不能轻易妥协。"

王鏊来到左顺门与诸位大臣会合时，司礼监太监李荣已经手持众臣进谏的奏疏站在那里了。

李荣传达口谕："皇上说，诸位先生的进谏很有道理，说的都是忠君、忧国的话。只是马永成、刘瑾这些奴才长期侍奉皇上，皇上不忍心将他们处死。诸位先生能不能网开一面，皇上说他自己会处置这几个奴才。"[1]

另据王鏊回忆，在李荣传达的口谕中，厚照还表示，只要能放过马永成等人，他愿意听从大臣的意见，按时早朝，减少宴游。[2]

且说李荣严厉地扫视众臣，未见一人挺身作答。他明白没有人愿意做出头鸟，便将目光停留在韩文脸上，问道："这件事是韩公发起的，韩公怎么说？"

"如今百姓穷困，盗贼纵横，水旱交侵，灾异频仍"，韩文答道："我等身为九卿，不能不有所建白。何况皇上即位不久，

[1] 李梦阳：《空同集》卷40。
[2] 王鏊：《震泽纪闻》卷下。

就荒怠朝政，宠幸宵小，纵情逸乐，我等岂能不有所谏诤。"

李荣见韩文虽然说得义正词严，但既未切中肯綮，也没有势在必得的豪气，不禁面露讥笑。他扬起手中的奏疏，冷冷地说："这些话奏疏上已经说得很全面了，皇上也并非不知道。现在皇上的意思，就是要你们对马永成他们宽容一些。"

众臣听罢，大都没有表示异议便先后离开。只有一个人，举步向前，这个人便是王鏊。他事先得了内阁的消息，心中有些底气。

"假如皇上不惩处他们，怎么办？"他问李荣。

"我的脑袋是铁打的吗？我怎么敢败坏国家大事。"李荣答非所问。说完便快步离开了。[1]

太监李荣与韩文等大臣在左顺门的上述对白，在李梦阳的《秘录》中有着十分详尽的记载。他将这场对白发生的时间系在皇帝派陈宽等八人赴内阁打探消息的第二天。然而，据王鏊本人的《震泽纪闻》《明武宗实录》和《弇山堂别集》，这场正德初年的政治风波发生在一天之内，而且当晚事情就发生了反转。[2] 因此，我认为李梦阳在追忆往事时记忆出现了一丝偏差。

由于现存史料的限制，我并不知道王鏊在与李荣的对话结束后，如何将内阁的消息传递给韩文等人；也不清楚内阁、九卿、科道官之间如何彼此协调，达成一致。

<hr />

[1] 李梦阳：《空同集》卷40；王世贞：《弇山堂别集》卷94。
[2] 王鏊：《震泽纪闻》卷下；《明武宗实录》卷18，正德元年十月戊午；王世贞：《弇山堂别集》卷94。

不过，根据《明武宗实录》的记载可以断定，他们决定共同执行一个里应外合的计划。

这个计划之所以能够被多数人所接受，是因为甘当内应的是司礼监太监王岳。[1]

王岳，生年不详。他也是厚照的东宫旧臣，深得皇帝信任。厚照即位不久，就将他和范亨、徐智、温祥一道安插到司礼监。同时，王岳还被授予掌管东厂的大权。

王岳性情刚毅、严厉，既不畏权贵，也不徇私情。在这场政治风波爆发之前，《明武宗实录》与他有关的唯一事件，就是他依法处置了英国公张懋之子张铭和得宠宦官的家人王锐。[2]

当天与王岳一同到内阁打探消息的共有八人。除了他，可以考定姓名的还有陈宽、李荣、范亨、徐智。其中范亨、徐智与他同时进入司礼监，事后又被认作同党，我有理由相信范、徐二人也参与了剪除“八虎”的计划。

陈宽、李荣弘治年间即在司礼监任职，这两位老臣与王岳等新晋太监未必没有矛盾。再加上李荣事后官途未受影响，因此至少李荣不会参与王岳的行动。

当天王岳等八人先后三次来到内阁。在此期间，他是如何避开李荣等人的耳目，与刘健、李东阳、谢迁完成谋划的，今人已不得而知。可以确定的是，他在当天曾明确赞同内阁老臣

[1]《明武宗实录》卷18，正德元年十月戊午。

[2] 李梦阳：《空同集》卷40；《明武宗实录》卷13，正德元年五月壬午；同书卷15，正德元年七月癸未。

处死"八虎"的意见。

当晚，刘健、李东阳、谢迁、韩文、李梦阳等人的心情恐怕难以平静。尽管他们的情绪也不尽相同，但至少都会对第二天清晨充满期待。

这一夜对他们来说，可能会显得有些漫长。然而，太阳还是照常升起。他们踏着晨曦，聚集在左顺门前。正当内阁老臣、九卿重臣及科道官等按品级高低列开阵势，准备伏阙请命时，一名太监走出左顺门。

这名太监很可能是李荣。无论这名太监是谁，他传达的旨意都代表皇帝的声音。只听他高声说道："皇帝有旨，宽恕刘瑾等人。"[1]

这个变故对于刘健、李东阳、谢迁、韩文、李梦阳等人来说，无异于晴天霹雳。一瞬间，剪除"八虎"，王朝中兴都化为泡影。

昨夜的紫禁城中究竟发生了什么，很难完全说得清楚。时人李梦阳曾经感叹，变起非常，几乎没人知道当晚的所有细节。[2] 下面，我只能综合现存史料，叙述事情的大致经过。

或许是与"八虎"有很深的矛盾，或许是得宠宦官之间不同派系的内部斗争；或许误判了形势，打算明哲保身；又或许真的衷心认同刘健等人的主张。无论如何，王岳、范亨、徐智如约展开行动。

---

[1]《明武宗实录》卷18，正德元年十月戊午。
[2] 李梦阳：《空同集》卷40。

他们谨慎地选择了一个恰当的时机，觐见皇帝。不难想见，他们可以打着东厂探子有重大发现的幌子找到与皇帝单独相处的机会。他们向皇帝秘奏："满朝大臣都在弹劾马永成、刘瑾等人，爷爷不可不从啊！"

厚照一直想保住马永成等人的性命，但面对刘健等顾命大臣的步步紧逼与众多官员的弹劾，15岁的少年难免也会有所动摇。听了王岳等人的进谏，他一时产生了妥协的想法，便答应他们，明天下诏抓捕被弹劾的八个太监。[1]

据说，王岳本打算立刻采取行动，抓捕马永成、刘瑾等人。不知是忘记了夜长梦多的道理，还是首鼠两端，徐智表示，当日天色已晚，不如第二天再动手。王岳接受了徐智的建议。[2]当时他不可能知道，这个决定葬送了自己的性命。

最初，马永成、谷大用、张永、刘瑾等人被蒙在了鼓里。他们似乎接受了失败的命运，做好了被赶出京师的打算。没有人愿意被软禁在南京新房，但软禁总比丧命强。再说，只要活着，就有东山再起的机会。没准哪天皇帝就会想起他们的好处，将他们召回京师。

历史的长河里，从来不缺乏充满戏剧性的反转。就在那天夜里，有人传递消息给"八虎"，说他们已经命悬一线。

传递消息的是吏部尚书焦芳。他是河南沁阳人，天顺八年（1464）进士，时年73岁。他才疏学浅、心胸狭隘、性情凶暴，

---

[1] 薛应旂：《宪章录》卷44。
[2] 王鏊：《震泽纪闻》卷下。

曾因升迁与詹事彭华失和，遂扬言如果不得升迁，必将彭华当街刺死。[1] 他与刘健也有过节。弘治年间，时任吏部侍郎的焦芳想要在孝宗面前展现自己的才智，便上疏提出抵御蒙古的四条方略。不料，阁臣刘健票拟时在他的奏疏上批道：不谙边务，条理不通，难以实行。从此，焦芳便对刘健怀恨在心。[2]

焦芳选择泄密并非仅仅出于私人恩怨，更是对政治形势的预判。在焦芳这种投机分子看来，什么王朝中兴、忧国忧民、仁义道德，那都是骗人的鬼话，利益才是王道。

他最初以为胜利的天平可能会倾向刘健等阁臣一方，便姑且参与了韩文倡导的进谏行动。他在左顺门看到群臣面对李荣大都明哲保身时，大概已经动摇了。作为参与者，事后他又得知了刘健等人谋划的里应外合，剪除"八虎"的计划。他突然发现，这是一个天大的机会。在权衡利弊之后，他决定将消息透露给刘瑾。

刘瑾在"八虎"中的地位原本不如马永成、丘聚、张永、谷大用等善于骑射的太监，但是他粗通文墨，阴狠有谋。

得到消息后，刘瑾立刻召集"八虎"，说明彼此已经命在旦夕。就在众太监惊疑不定，一筹莫展之际，刘瑾提出一个先发制人的计划。

据李荣日后转述，刘瑾等人直奔御前，将皇帝团团围住。随即，八人扑通跪倒，放声大哭。他们一边用力磕头，一边哭

---

［1］ 焦竑辑：《国朝献征录》卷14。

［2］ 陈洪谟：《继世纪闻》卷1。

喊："要不是万岁爷爷，奴等早就被剁成肉酱喂狗了！"

厚照见八个玩伴失魂落魄，哀嚎不止，不禁恻然。刘瑾等人见状，膝行向前，带着哭腔叫道："害奴等的不是外人，是那王岳！"厚照一怔，问道："怎么说？"刘瑾等人道："王岳仗着掌管东厂的权势，指使言官弹劾奴等。他对科道官说：'诸位先生有什么要进谏的，只管说就是了。'今天爷爷派司礼监太监去内阁商议时，就他王岳赞同处死奴等。这是为什么呀？为爷爷孝敬犬马鹰兔，他王岳没份吗？这个爷爷心里最清楚。如今他将罪过都推到奴等头上……"刘瑾等人泣不成声。忽然之间，八人扑到皇帝脚边，嚎啕大哭，声彻殿堂。

厚照闻言，怒不可遏。刘瑾趁机又说："骑射、狩猎对治理国家有什么影响！如今这帮文官胆敢喧哗、聒噪、肆无忌惮，都是因为司礼监无人。如果爷爷在司礼监有得力之人，爷爷想干什么就干什么，绝没人再敢说三道四。"

受够了窝囊气的少年天子，突然把心一横，决定换个活法。他立即将刘瑾调入司礼监，并下令抓捕王岳、范亨等人，押送南京充当净军。[1]

命运的转折就在一瞬间。前一刻还是众人寄望的英雄，呼吸之间就变成了阶下囚。当天夜里，刘瑾等人着实将王岳、范亨、徐智毒打了一番，碍于皇帝已有成命，没有当场打死。不过，刘瑾并没打算放过仇敌。

据王鏊日后追述，刘瑾伙同总督东厂的丘聚，动用东厂、

---

[1] 李梦阳：《空同集》卷40。

锦衣卫的校尉追杀王岳等人。他们一路晓行夜宿，追至临清方才赶上。无论这些校尉心中是否还有是非，他们都不会忘记自己是奉命行事的杀手。他们毫不留情地迫使王岳、范亨自缢身亡，接着又将徐智的双臂折断，方才回京复命。[1]

让我们再回到那个令人震惊的清晨。左顺门前的刘健、李东阳、谢迁并不清楚宫中事变的细节，但他们知道自己失败了。沮丧、绝望过后，是深入骨髓的悲凉。什么病榻遗命、正德新政、王朝中兴，都已如碎裂的梦境跌入凡尘。

碎梦之痛是如此持久。十年后，李东阳溘然长逝。谢迁在《祭西涯先生文》中追述了刘、李、谢三人相约，不负孝宗临终重托，不料奸邪当道，被迫退隐的往事。又过了十年，刘健撒手人寰。谢迁仍感慨万千地赋诗："榻前末命从公后，追想当时泪沾襟。"[2]

这是后话，且说当时，刘健、李东阳、谢迁眼见大势已去，便毅然上疏请辞。刘健、谢迁的辞呈当天就获得了批准。获批，并没有令他们感到意外，使他们惊讶的是获批的速度。按照明朝的惯例，辅政阁臣请求致仕，需要连上三四份奏疏，皇帝才会批准。即便皇帝恨不得阁臣马上离开，通常也会这么做。这主要是为了保全大臣的体面。然而，这次他们的第一份辞呈就被批准了。

皇帝准许刘健、谢迁在回乡路上使用官方提供的交通工具

---

[1] 王鏊：《震泽纪闻》卷下。
[2] 谢迁：《归田稿》卷3；同书卷7。

及食宿服务，又按照惯例给了他们每月八石大米，每年八名役夫的致仕待遇。不过，皇帝对他们的厌恶之情还是会令他们感到心寒。[1]

李东阳的辞呈没有获批。第二天，他再递辞呈，再被驳回。一个月后，他又一次上疏请辞，依然未能如愿。[2]

他的辞呈写得十分诚恳，遣词用字柔中带刚。他写道："微臣谬承先帝嘱托，辅佐陛下，本当鞠躬尽瘁，死而后已；奈何体弱多病，见识日短，谋略不周，以致国是日非，灾异叠见；上无以答谢先帝在天之灵，下无以达成百姓期望，微臣羞愧莫名，死有余辜。"

厚照的答复避重就轻："爱卿是先帝留下的顾命大臣，辅佐有年，功劳显著。上天示警，朕自当修省，爱卿可安心供职。辞官之事，莫再提了。"[3]

厚照在三位顾命大臣中只留下李东阳，主要是因为他性情温和，处事圆熟。在群臣执意处死八虎的时候，他的表现也较为宽容。据说，当刘健在内阁推案大哭，谢迁反复质问的时候，李东阳的言辞仍留有余地。刘瑾等宦官听到这个消息后，当时就对他心存感激。[4]

部分历史学家将正德元年（1506）十月的这次事变，视为

---

[1]《明武宗实录》卷18，正德元年十月戊午。

[2]《明武宗实录》卷19，正德元年十一月癸巳。

[3]《明武宗实录》卷18，正德元年十月己未；李梦阳：《空同集》卷40。

[4]《明武宗实录》卷18，正德元年十月己未；李梦阳：《空同集》卷40。

一场争夺皇帝控制权的斗争。在他们看来，事变之前是三阁老执政期，事变之后至刘瑾被诛是刘瑾擅政期；无论在哪个时期，厚照都退隐于政治舞台之外；他要么是一个游乐无度的顽童，要么是一个不理朝政的昏君。

这样的理解在一定程度上偏离了历史事实。十月事件爆发是由多重矛盾引发的，这些矛盾包括：顾命大臣与新君之间控制与反控制的矛盾；革除正统以来弊政与维护成弘时期旧制的矛盾；规范君主行为的文官与诱使皇帝游幸的宦官之间的矛盾等。更重要的是，这场事变是三位顾命大臣在与新君的博弈中已经处于明显劣势的情况下所做的最后反击。

十月事件之后，已经彻底掌控局势的新君会突然退居幕后吗？

表面看来，刘健、谢迁这两位强硬的顾命大臣致仕之后，厚照变得更加放纵了。

他离开了紫禁城，离开了这个充斥着礼仪、规矩与束缚的空间。他对这个他出生、长大的地方毫无留恋之情。多年以后，当他目睹乾清宫因偶然失火，烈焰腾空、火光灼天的时候，他不无戏谑地将乾清宫焚毁的过程比作一场壮丽的烟火表演。[1]

他的新家是豹房公廨（以下简称豹房）。这个建筑群坐落在紫禁城西面的内太液池（今北海）西南岸，东西宽200米，南北长200至250米。这里建有宫殿、密室、内教场、佛寺、豹房、

[1]《明武宗实录》卷108，正德九年正月庚辰。

虎城等。[1]

正德二年（1507）八月，厚照迫不及待搬入了这个当时尚未建成，只是经过初步改造的新家。在这里他肆无忌惮，为所欲为。终其一生，未再搬回大内。

当时豹房最得宠的幸臣之一，是凭借房中秘术受宠的色目人于永。他被厚照提拔为锦衣卫都指挥同知。厚照本有一后二妃，但这三位女子都不能讨得他的欢心。搬入豹房后，于永向皇帝宣称回回女子皮肤白皙光滑，远胜汉人。在他的蛊惑下，厚照开始迷恋回回美女。

于永假传圣旨，向时任都督的色目人昌佐索取美色。昌佐不得已，将十二名擅长西域歌舞的回回女子献入豹房。见厚照乐此不疲，他又鼓动厚照向色目人中的侯爵、伯爵索取回回女子。似乎是作茧自缚，不久，厚照向于永提出宠幸他女儿的要求。于永心里不肯，又不敢明说，便设法让邻居的女儿冒名顶替，蒙混过关。[2] 为了避免东窗事发，于永明智地选择提前致仕。

厚照还从各地遴选大批乐工以供娱乐。正德三年（1508）七月，厚照命礼部下令，从京师教坊司东、西两院和南教坊司富乐院中遴选年富力强、技艺精湛的乐工严加训练，同时从各省挑选有一技之长的乐工送到京师。于是，精通筋斗、百戏的艺人汇聚京城。他们时常在豹房演出，博取天子欢心。由于演

---

[1] 盖杰民：《明武宗与豹房》，《故宫博物院院刊》1988年第3期。
[2] 《明武宗实录》卷33，正德二年十二月辛卯。

出过于频繁，众乐工应接不暇，厚照不得不继续从地方召集精通技艺的乐户。仅正德四年（1509），他便召集了数百名俳优。[1]

厚照还乐于修习藏传佛教。他在豹房建造新寺，聚集番僧，有时整天和他们一起诵经礼佛。他唱诵佛经的水平很高。一时兴起，还会站在番僧中间与他们一同吟唱。据说，可达到以假乱真的程度。他对自己的佛教修行似乎非常得意，自号大庆法王，并自铸金印一颗，上写"大庆法王西天觉道圆明自在大定慧佛"。[2]

骑射、练兵依然是厚照的日常活动。豹房中的内教场就是他的练兵之地。正德四年（1509）十一月四日，他在内教场举行了一次大规模的检阅、比试。神机营总兵官、英国公张懋，定国公徐光祚等伯爵、都督都奉命前来。[3]

主张刘瑾专权，厚照不理朝政的历史学家，通常会强调上述情况。他们还将《明武宗实录》的如下记载当作证据。据说，刘瑾为了窃取权柄，经常为皇帝安排戏剧、杂技、角抵等娱乐节目。待到皇帝兴致渐高，刘瑾便抱着各衙门的章奏，恭请皇帝裁决。这时，皇帝总会不耐烦地说："朕用你是干什么的，这些琐事还要朕一一处理吗？赶紧滚出去。"几次三番之

---

[1]《明武宗实录》卷40，正德三年七月壬子；同书卷49，正德四年四月辛巳。

[2]《明武宗实录》卷24，正德二年三月癸亥；同书卷64，正德五年六月庚子；沈德符：《万历野获编》卷27。

[3]《明武宗实录》卷56，正德四年十月丁未。

后，刘瑾便不再恭请皇帝裁决了。无论大事小情，都由他一手包办。[1]

《明武宗实录》的上述记载，不宜过分解读。因为，此事大体发生在正德二年（1507）闰正月左右。此时，刘瑾虽然已经进入司礼监，但并不是掌印太监。根据刑部记录的刘瑾供词（被收入文献时，改称《诛大逆以彰天讨疏》），他成为司礼监掌印太监是正德三年（1508）六月的事。[2]

与此同时，厚照虽然依旧声色犬马、游玩无度，但并没有从政治舞台上隐退。他仍然视朝听政，参与经筵日讲。[3]正德三年（1508）六月，李东阳在奏疏中写道："皇上近来励精图治。"[4]毫无疑问，这句话含有很大的水分。然而，如果厚照完全不理朝政，李东阳这样讲就是一种讽刺。以李东阳的性格，他不会，也没必要嘲讽皇帝。实际上，李东阳在正德二年（1507）的奏疏中还留下了更直接的证据："皇上即位之初，常在拂晓上朝；近来多至巳时方出。"可见，厚照依然是晚上朝，而不是不上朝。同时，杨廷和也指出，即便是刘瑾擅政时期，敕旨仍然出自皇帝之手。[5]

十月事件发生后，厚照调刘瑾入司礼监，以加强其力

［1］《明武宗实录》卷22，正德二年闰正月庚午。

［2］张瀚辑：《皇明疏议辑略》卷14。

［3］《明武宗实录》卷22，正德二年闰正月丙午；同书卷40，正德三年七月戊午；同书卷48，正德四年三月甲辰。

［4］《明武宗实录》卷39，正德三年六月甲午。

［5］杨廷和：《杨文忠三录》卷8。

量，压制文官群体。他们首先通过清算十月事件来达到这个目的。在刘健、谢迁已经致仕的情况下，厚照及刘瑾瞄上了鼓动九卿弹劾马永成等人的韩文。刘瑾日夜探求韩文的罪过，竟然一时无法如愿。恰巧，有来京师纳税的解户向内库缴纳税银时用了假银。刘瑾遂趁机嫁祸韩文，勒令他降一级致仕。[1]

更为全面的清算发生在五个月后。正德二年（1507）三月二十八日，早朝结束，百官正欲还家，忽然有旨，命群臣在金水桥南岸集中。群臣一时莫名所以，有人垂首沉吟，有人茫然四顾，也有人窃窃私语。无论如何，众臣还是熙熙攘攘地向南行进。穿过金水桥后，他们转身向北，按照官位高低依次排列，跪候圣旨。良久，几个宦官来到金水桥北。只见刘瑾将敕书递给传胪官，传胪官高声唱诵。

诏书将十月事件定性为奸党乱政案，被列入奸党的有王岳、刘健、谢迁、韩文、李梦阳、王守仁等56人。诏书指责这些奸党相互勾结，煽动蛊惑，颠倒黑白，残害善类。最后，诏书宣称，今后若有人胆敢再蹈覆辙，国法难容。[2]

正德四年（1509）二月，刘瑾等人又借故削去刘健、谢迁的官籍。十个月后，清算波及的范围更加广泛。厚照接受科道官的提议，追夺了刘健、谢迁、马文升、刘大夏、韩文、许进

---

[1]《明武宗实录》卷19，正德元年十一月甲辰。

[2]《明武宗实录》卷24，正德二年三月辛未。

等675人的诰命、封赠及所赐玉带等物。[1]

厚照还利用吹毛求疵的手段弹压文官。例如，正德二年
(1507)，李东阳负责的《历代通鉴纂要》修成、进献后，厚照
命主管刊刻的宦官监督刊刻人员检查书稿，结果发现有一二页
前后颠倒。当事宦官便持书至内阁，请求更定次序。不料，李
东阳不在。

十月事件的获益者焦芳，此时已入阁参与机务。在他看来，
《历代通鉴纂要》的编纂与自己无关，因此对前来询问的宦官
不假辞色。阉人大怒，将此事转告刘瑾。

七月初一早朝时，刘瑾传旨命文武百官在左顺门聚集，并
命人向百官展示进呈本《历代通鉴纂要》的一百余处错误。虽
然这些错误大都是笔画浓淡不均，错字、讹误等，但对于编
纂、誊写人员而言此举含有极强的侮辱色彩。不久，给事中潘
铎、御史杨武等人，弹劾负责《历代通鉴纂要》编纂的翰林学
士刘玑等人，负责誊写的光禄寺卿周文通等人，未能精益求精，
皆应治罪；李东阳等人失于监督，也罪责难逃。刘瑾传旨，命李
东阳等人详细审查该书错讹，并开列存在誊写错误的官员姓名。

李东阳不得已，列举了中书舍人沈世隆等五人的誊写错
误，又上疏认错："该书卷帙浩繁、限期进呈，而臣等事务繁
忙，以致校阅不周。仓促之间，出现讹误。臣等有罪。"随后，
负责修纂、誊写的官员也纷纷上疏自责。

---

[1]《明武宗实录》卷47，正德四年二月丙戌；同书卷58，正德四年十二
月庚戌。

厚照下令，李东阳免究，刘玑、周文通等十余人罚没俸禄两至三月不等，太仆寺少卿季通等十余人被勒令致仕，中书舍人沈世隆等二十余人被革职为民。[1]

这种处罚文官的手段，厚照在十月事件之前就曾经使用过。例如，正德元年（1506）七月，厚照以奏疏中存在错别字为由，罚没监察御史郭东山、阮吉一个月俸禄。不过，两相比较，《历代通鉴纂要》事件处罚的人数更多，产生的影响更大。

为了抑制文官群体，改变弘治时期权在阁臣的局面，厚照还不断加强宦官群体的作用。实际上，在十月事件之前，厚照已经有意识地这样做了。十月事件之后，宦官更深地参与到朝政之中。

例如，御马监太监丘聚，他在十月事件后接替被打成奸党的王岳总督东厂。正德元年（1506）十一月，丘聚进言：苏州等府百姓的部分田租折征大布，共计三十余万匹；自今年三月起征至今，交到甲字库的折布总共才两万五千余匹；征到的布匹如此之少，主要是因为甲字库官吏刁难解户；他恳请皇帝命令户部为甲字库官吏制定征收期限，并派出户部官员与甲字库官吏共同征收折布；如果还有人胆敢刁难解户，依律治罪。户部官员盛赞丘聚的建议切中时弊，并做出规定，如果解到布匹累计达到五万匹，限十日内收完，违者治罪。厚照批准了丘聚及户部官员的处置方案。[2]

---

[1]《明武宗实录》卷28，正德二年七月癸卯。
[2]《明武宗实录》卷19，正德元年十一月丙戌。

与此同时，豹房宠臣是新兴的政治势力。豹房宠臣通常掌管锦衣卫，前面提到的于永就是锦衣卫的堂上官。下面说一下另一位豹房宠臣王喜。

王喜时任锦衣卫指挥佥事。正德三年（1508），他仗恃皇帝的宠幸，试图侵夺部司事权。根据《明武宗实录》编纂者的意见，由于刘瑾以及阉党重要成员兵部尚书曹元足以与王喜抗衡，后者未能如愿。[1]

对于文官，厚照也并非一味采取压制政策。他有意组建一个处事温和，又不对宦官惟命是从的内阁。李东阳是一个比较理想的人选，杨廷和也是。

杨廷和，四川新都人，成化十四年（1478）进士。他本是厚照的东宫讲官，厚照即位后，他继续担任经筵讲官。不久，厚照顾念旧情，晋封他为詹事，专门负责草写内阁诏敕。

十月事件爆发时，杨廷和48岁。他眼见刘瑾一夜暴贵，却从未因私谒见刘瑾。正德二年（1507），他与刘忠在经筵上借题发挥，斥责近侍，遭到刘瑾等人的忌恨。刘瑾遂授意吏部尚书许进将杨廷和调往南京，转任南京吏部左侍郎。[2] 七个月后，厚照发觉许久未见杨廷和进讲，便问刘瑾："杨学士何在？"刘瑾答道："已升任南京户部尚书。"厚照对此颇为不满，下令立刻召回杨廷和，并任命他为文渊阁大学士，入阁参与机务。

---

[1] 《明武宗实录》卷43，正德三年十月乙亥。

[2] 王世贞：《嘉靖以来首辅传》卷1；《明武宗实录》卷24，正德二年三月己未。

李东阳及杨廷和与依附刘瑾的焦芳不同，他们在有可能的情况下会尽力保护清流。例如，正德四年（1509），刘瑾指责刘健当年草诏招贤之时，浙江所荐四人中有三个是谢迁同乡。他认为这是徇私舞弊，便将当年被浙江布政司荐举的周礼等人抓到锦衣卫镇抚司拷打、审讯。周礼等人的供词牵连到谢迁，刘瑾便想趁机抓捕刘健、谢迁，并抄没二人家产。他带着供词，来到内阁，一副志在必得的架势。

李东阳不卑不亢地反复劝解，刘瑾的面色有所缓和。这时，焦芳在旁边插了一句："就算是从轻，也得削籍为民。"最终，刘健、谢迁被革除官籍，但毕竟逃过了牢狱之灾，保住了家产。[1]

不可否认，有些人认为李东阳依附刘瑾，从无庇护善类之举，十月事件后入阁的王鏊就是其中之一。王鏊在评议李东阳墓志时借题发挥，攻讦李东阳。他先从墓志的作者入手，指出杨一清与李东阳的祖籍皆为湖广，儿时又同以神童闻名，因此二人志投意合，相互标榜。接着，王鏊将笔锋一转，指向杨一清，谴责他以无为有，诔墓太甚。

王鏊言之凿凿地说，在他入阁之前与他告老还乡之后的事，他不清楚，也不想置评。然而，在他入阁与李东阳共事期间的事，他了如指掌，有责任揭穿墓志作者的凭空杜撰。他毫不留情地宣称，杨一清所写李东阳上疏解救张玮、崔璿、姚祥

---

[1]《明武宗实录》卷47，正德四年二月丙戌。

等事，皆为子虚乌有。[1]

明人王世贞开诚布公地指出，王鏊指桑骂槐主要是因为他与李东阳有过节。据他考证，正德二年（1507）闰正月，尚宝司卿崔澄，湖广副使姚祥分别在长安左门和长安右门枷号示众，工部郎中张玮则在张家湾遭受同样的刑罚。数日后，李东阳等人上疏营救，三人得以免除头戴重枷，示众两个月的酷刑。

王世贞在抄录了两份营救奏疏的全文之后指出，李东阳等人的奏疏有内阁存稿和国史实录可查，千真万确。他还用推测的语气嘲讽王鏊，说王鏊可能是恨李东阳太甚，又以为阁稿与实录秘不外传，才在耄耋之年妄加批驳。[2]

李东阳在刘瑾擅权的时代委曲求全、庇护善类的事例，后文还会提到。这里说一下他能够做到这一点的深层原因。如前文所述，厚照提拔不肯依附刘瑾的杨廷和入阁协助李东阳，就是想打造一个独立于宦官群体之外的政治势力。因此，李东阳等人的奏疏不但可以送达御前，有时还会赢得皇帝的御批。这就使得李东阳等人在一定程度上可以凭借皇帝的信任与刘瑾周旋。以前面提到的解救刘健、谢迁的事件为例，刘瑾对刘、谢二人恨之入骨，单凭李东阳的说辞很难让刘瑾改变主意。李东阳在委婉劝说的过程中，势必巧妙借助皇帝的权威来达到目的。

---

［1］ 王鏊：《震泽纪闻》卷下。
［2］ 王世贞：《弇山堂别集》卷29。

不过，李东阳等人的作用也不宜夸大。当时的内阁毕竟无法与刘瑾等宦官抗衡。李东阳撰写的诏敕时常被刘瑾篡改，他不敢据理力争，只是下令制敕房存留底簿时将刘瑾改过的地方用朱笔标出，以便日后自证清白。[1]

---

[1]　黄训:《名臣经济录》卷9。

第四章　权阉当道

刘瑾是十月事件最大的受益者。事件发生之前，他虽然已经从钟鼓司调到了内官监，但仍然是远离权力核心的边缘人物。事件发生后，他摇身一变成了炙手可热的司礼监太监。

然而，他并不满足。在他看来，与他同时的宦官无人能出其右，即便成化年间得宠的太监汪直、弘治年间得宠的太监李广也不足挂齿。他心目中的豪杰是正统年间权倾朝野的大太监王振。

王振虽然早已死在土木堡，尸骨无存，但他生前曾经建过一座寺庙，叫作智化寺。寺中有明英宗朱祁镇在天顺年间为王振建立的旌忠祠，祠前还有一块英宗赐予王振的祭碑，碑上刻有王振画像。自建祠立碑之日起，时常有人来像前祭拜王振，其香火至万历年间仍未断绝。[1]

智化寺内设有僧官主持寺务，正德初年的性道是该寺的第三代住持。为了向心中的豪杰致意，又或许是为了祈求王振阴魂的保佑，刘瑾设法将性道的僧官等级从右觉义晋升为右讲经。[2]

---

[1]　沈德符：《万历野获编》补遗卷1。
[2]　《明武宗实录》卷26，正德二年五月癸卯。

刘瑾虽然野心勃勃，但在他爬向权力巅峰的路上有一块显眼的绊脚石，那就是司礼监掌印太监李荣。刘瑾是如何挤掉李荣成为掌印太监的，已难闻其详。不过，这件事大抵与匿名文簿案有关。

正德三年（1508）六月二十六日，一卷神秘的文簿出现在紫禁城。当时，朝会已经结束，大小官员拜伏已毕，正欲起身离开。侍班御史忽然发现御道上多了一卷文簿。文簿没有署名，簿上写满了刘瑾的罪恶。

厚照闻讯命锦衣卫查明此事，便退朝返回豹房。不久，他又传旨令百官在奉天门跪候讯问。

奉命讯问百官的是刘瑾。鉴于文簿出现在五品以下官员站立的位置，他首先排除了四品以上高官的嫌疑，并允许这些身穿红色官服的人离开。另据《震泽纪闻》，文簿出现在御街的东边，那里是文官的班次，因此受讯问的主要是文官。[1]

又一个时辰之后，刘瑾再次出现在奉天门，继续讯问。翰林院官答道："内官时常厚待翰林院官员，我们怎么肯做这样忘恩负义的事情呢？"不知何故，刘瑾闻言便允许翰林院众官起身离开。

御史宁杲见状，便依样画葫芦。他对刘瑾说："都察院的御史历来深明法度，怎么敢做出这样的事呢？我看多半是那些不懂规矩的新科进士干的。"

"这和新科进士有什么相干？"刘瑾并不买账，"你们这帮

---

[1] 王鏊：《震泽纪闻》卷下。

家伙把国家大事搞得一塌糊涂，略加惩治就怀恨在心。太祖高皇帝留下的规矩，你们纵然没看到过，难道还没听说过吗！"

刘瑾又查问了半晌，仍然没有进展。他灵机一动，叫道："你们都给我回到上朝时站立的位置上去，我倒要看看当时站在匿名文簿附近的都有谁。"

百官闻言纷纷起身，不少人趁机舒展筋骨。

太监黄伟忽然对刘瑾说："四品以上的高官确实有固定的班次，可是五品以下的官员是没有固定位置的。匿名文簿恰好就出现在五品以下官员的队伍里。我想投放匿名文簿的人，绝不肯站回原来的位置，束手就擒。"

刘瑾闻言，命百官再次跪下。过了一会儿，他又心生一计。他唤来一些军士，高声说道："去他们家里搜，我就不信搜不出底稿。"

大规模抄查百官家产，扰乱人心，为害不浅。黄伟不得已再次出言劝阻："干这种事情的人，连老婆、孩子都被他蒙在鼓里，怎么会留下底稿呢！"

刘瑾见说得在理，又放弃了抄家的想法。

时近正午，天无片云，酷热无风，三百多名官员跪在石砖上，苦不堪言。有几个体质羸弱的官员煎熬不住，昏死过去。刘瑾命军士将他们拖出行列，但仍不肯善罢甘休。

黄伟见状，于心不忍，他情不自禁地对众官喊道："你文簿里既然说的都是为国为民，那你就挺起胸膛站出来，就算死了也是一条好汉，不要再连累别人了！"

刘瑾闻言大怒，咆哮道："在宫外投放匿名揭帖都是死罪，何况当着皇帝的面投到紫禁城！这是哪门子的为国为民。若真是条好汉，怎么不敢明明白白禀告皇帝呢！"

说罢，他拽着黄伟向奉天门内走去。

这时，轮到司礼监掌印太监李荣监管百官了。他比较同情这些官员的遭遇，说："你们跪得太久了，都躺一躺吧。"他又命长随拿来许多冰块、瓜果，供百官消暑。李荣催促道："你们快吃。"

正当百官或躺或卧，或舔着冰块，或啃着瓜果的时候，李荣的眼线来报，刘瑾回来了。

刘瑾毕竟是皇帝跟前的红人，李荣也不得不顾忌三分。他连忙对众官说："你们快起来跪着，来了，来了！"

就在百官还乱作一团的时候，刘瑾出现在奉天门。他看到眼前的一幕，勃然大怒，头也不回地走了。众官面面相觑，不知接下来会发生什么。李荣心中也生出一丝不祥的预感。

不久，有太监出来传旨，司礼监掌印太监李荣免职，回家休养，太监黄伟押送南京软禁。

百官多半无心感叹世事无常。他们一度肿痛的双膝已经麻木，但是他们仍被勒令跪候发落。

不确定的未来总是令人恐慌，这些官员不知道自己还要跪多久，下一个倒下的会不会是自己，更不知道等待自己的会是什么样的命运。

他们艰难地撑过正午，又从午后挨到黄昏，才等来拿送锦衣卫继续拷问的旨意。三百多名官员在军士的押送下，拖着麻木的双腿，一瘸一拐地向锦衣卫监狱进发。沿途不断有同情百官的商贩，自发地将自己贩卖的食物塞到疲惫不堪的官员手里。

单说下狱的旨意传出时，进士卢伸已中暑昏迷。当他被抬到锦衣卫监狱的时候，牢房已满，抬送军士将他丢在院子里就离开了。就在当夜，卢伸病故。与卢伸在同一天蒙难的，还有刑部主事何钺和顺天府推官周臣。因而卧病的人，更是不计其数。[1]

李东阳作为四品以上的高官，侥幸逃过一劫。他虽然缺乏疾恶如仇的勇气，但也不甘心沦为沉默的帮凶。第二天，他毅然上疏进谏：匿名文书出自一人之手，除此之外皆是无辜之人；如今三百多名官员被关在锦衣卫大牢，酷暑难耐，再加上惶恐不安，难免会有人死于非命；陛下有好生之德，恳请陛下先将百官释放，然后再严加访查，将罪人绳之以法。

厚照顺水推舟，依从李东阳的建议，释放百官还家。[2]

历史学家通常将匿名文簿案作为折辱士大夫的例证。然而，在我看来这里面隐藏着宦官内部的权力斗争。李荣罢职、刘瑾上位才是这个案件最值得关注的地方。

在时人孙继芳看来，李荣被罢免并不是因为他善待受罚百官，而是因为匿名文簿在揭露刘瑾罪恶的同时却对李荣赞誉有加。[3] 这个说法可信度很高。因为匿名文簿誉李毁刘，很容易

［1］ 韩邦奇：《苑洛集》卷19；《明武宗实录》卷39，正德三年六月壬辰。

［2］ 《明武宗实录》卷39，正德三年六月壬辰。

［3］ 孙继芳：《矶园稗史》卷1。

诱使厚照相信妖书是李荣或李荣的同党所为。如果厚照真的有所怀疑，那么李荣善待百官既会被当作良心发现，也会被视为他就是主谋的证据。

《震泽纪闻》提供了旁证。据说，厚照手持匿名文簿赌气地说："你说贤明，我偏不用。你说不贤，我现在偏要用。"[1] 也就是说，厚照命刘瑾取代李荣成为司礼监掌印太监，主要是因为他怀疑匿名文书案与李荣有关。

李荣虽然因匿名文簿案被皇帝罢免，但匿名文簿多半不是李荣所为。如果从权力斗争的角度，结合最大受益者是新任司礼监掌印太监加以分析，我倾向于认为此案背后真正的主谋正是刘瑾。他自导自演了这一出闹剧，赔上多位无辜官员的性命，目的就是要扳倒李荣，爬上权力巅峰。

刘瑾成为司礼监掌印太监之后，更加肆无忌惮。按照明朝的制度传统，司礼监不但有批红权，而且管理奏章。不过，所有旨意必须由内阁草拟，才具有合法性。

刘瑾打破了这个传统。刘瑾日后供称，他成为掌印太监之后，奏章无论大小，他都带回私宅处理。既不与百官商议，也很少送交内阁拟旨。[2]

明朝臣工进呈给皇帝的奏章分为两种：一种是与公事有关的题本，一种是关涉其他事务的奏本。进呈奏章的地方也有两处：一处在官内的会极门，送到这里的奏章一般会进呈御览；

———————————

［１］ 王鏊：《震泽纪闻》卷下。
［２］ 张瀚辑：《皇明疏议辑略》卷32。

另一处在通政使司，送到这里的奏疏有可能会被驳回而无法送达御前。

慑于刘瑾的权势，大小官员之间逐渐达成了默契。他们用红纸撰写进呈刘瑾的揭帖，称为红本，用白纸撰写进呈通政使司的奏疏，称为白本。[1]

刘瑾只是粗通文墨，无力独自处理百官奏章。或许是为了将权力牢牢握在手中，他没有寻求司礼监下属的协助，而是找了两个从属他个人的帮手。这两个人就是他的侄女婿孙聪和被除名的生员张文冕。

虽说是英雄不问出处，但张、孙二人并不是什么英雄。一个是被革职的司务，另一个是松江府的无赖。刘瑾在这两人的协助下，按照自己的意图随意撰写旨意。对于内阁的票拟，有时再三驳回重写，有时任意增减、变易，有时甚至干脆另行杜撰。由于孙、张二人水平有限，他们炮制出来的伪旨往往有文理不通，难以索解的地方。[2]

刘瑾还试图凭借厂卫的力量加强自己的权威。早在他被调入司礼监的那个夜晚，他就有借助厂卫打击文官的想法。因此，他才会在厚照面前夸下海口，说司礼监得人，则百官不敢聒噪。

所谓厂卫通常指东厂和锦衣卫。王岳死后，厚照任用"八虎"之一的丘聚接管东厂。此后，为了限制东厂的权力，厚照

---

[1] 《明武宗实录》卷66，正德五年八月戊申；沈德符：《万历野获编》卷20。

[2] 《明武宗实录》卷66，正德五年八月戊申；黄训：《名臣经济录》卷9。

又仿照成化年间的事例恢复了西厂，任命同为"八虎"之一的谷大用统领。

刘瑾进入司礼监之初，羽翼尚未丰满，他时常借助丘聚等人的力量。不久，他便收买锦衣卫都指挥佥事杨玉等人充当自己的爪牙。成为掌印太监后，他又想加强对厂卫的控制，便奏请在荣王府仓库旧址设立内办事厂，简称内厂。

内厂由刘瑾亲自统领，权力极大，不但可以侦缉百官，还有权监督东西二厂。[1]

刘瑾时常利用厂卫，寻事陷害百官。为了树立自己的威望，他往往轻罪重罚，动辄施用枷号、杖打、永远充军等残酷手段。

正德三年（1508）六月，刘瑾传旨将给事中安奎、御史张彧枷号示众，理由是二人在赴宁夏盘查钱粮时弹劾官员不当。安、张二人头戴150斤重枷，被勒令分别跪在东公生门和西公生门。上述二门是五府六部官员入衙办公的必经之路，安、张二人所受屈辱可想而知。再加上时值酷暑，昼夜暴露在外，二人浑身肿胀，生命垂危。

百官惧怕刘瑾，敢怒不敢言。又是李东阳挺身营救。他指出，就算是囚犯，酷暑之际也应该法外开恩，何况是朝廷命官？他恳请皇帝解除二人的枷号，尽快发落，以保全士大夫的体面。

厚照听从李东阳的建议，释放了安奎和张彧。同时，他又

---

[1] 王圻：《续文献通考》卷93。

参考刘瑾的建议将二人削籍为民。[1]

周玺就没有那么幸运了。他在做科道官时就多次直言极谏。早在刘健等人力主剪除"八虎"之前，他就曾上疏弹劾马永成、刘瑾等人。刘瑾进入司礼监后，他被明升暗降，调到顺天府担任府丞。

调任并没有让周玺就此消沉，他又多次上疏揭发刘瑾罪恶。他在殉难前最后一封家书中写道："刘瑾心怀异志，皇上却任用不疑。群臣畏惧刘瑾权势，缄默不言。我虽然多次上疏，却未见成效。每当想到这些，顿觉茶饭难以下咽。"[2]

刘瑾对周玺恨之入骨，决心设计除掉周玺。他派遣锦衣卫都指挥佥事杨玉前往顺天府勘察，并唆使杨玉诬告周玺藐视使臣。周玺因此被抓入锦衣卫大牢，而审问他的正是刘瑾的爪牙杨玉。

在杨玉看来，周玺这样的文官只是嘴硬，一顿板子下去就会让他哀叫求饶。他下令将周玺痛打三十大板。不料，周玺不肯屈服。他忍住剧痛，倔强地说："我就是被打死了，也没什么可惜。如果忠义之士反而畏惧奸邪之徒，那才叫可惜。"杨玉不动声色，他知道只要将周玺的话转告刘瑾，周玺必死无疑。

刘瑾听到杨玉的转述后果然怒不可遏，在他的授意下，杨玉用夹棍等酷刑将周玺折磨至死。[3]

---

[1] 陈洪谟：《继世纪闻》卷2；《明武宗实录》卷39，正德三年六月癸酉。

[2] 周玺：《垂光集》不分卷。

[3] 过庭训：《本朝分省人物考》卷34。

周玺对自己的命运早有预感。在前面提到的那封家书中，他力劝妻儿打消来京的念头，叮嘱他们留在家中，平安度日。不知他在剧痛中离开人世的瞬间，是否还有气力念及远方的妻儿。[1]

在刘瑾当道的时代，安坐家中也未必能平安无事。前礼部左侍郎黄景，江西瑞州府上高县人。他在弘治元年（1488）致仕还乡，至他被诬告获罪时，已经居家21年。

回到家乡后，他添置了不少产业。在这个过程中，他与当地豪民戴克明因借贷产生了纠纷。戴克明怀恨在心。他见刘瑾时常派遣校尉四处侦缉，便于正德三年（1508）诬告黄景僭用龙袍等事。正欲四处立威的刘瑾立刻派出宦官李宣、锦衣卫指挥同知赵良前往勘问。

李宣、赵良等人到达上高后，大施淫威。他们先后抓捕数百人，连续追查将近一年，却没有查到任何黄景僭用龙袍的证据。他们只得以黄家牌坊上雕龙画凤，宅旁井上镌有黄府字样，以及在置办产业时曾与人产生纠纷等事交差。不料，刘瑾并不肯放过黄景。他下令抄没黄家财产，并将黄景及其家属发配西北边疆，永远充军。[2]

刘瑾每年都会派出大量内厂官校四处探查。这些甘当爪牙的官校大都与赵良一样，并非善类。他们所到之处，一片狼藉。就算是地方官，也不能幸免。接待、馈赠稍有不周，就会被他

---

[1] 周玺：《垂光集》不分卷。
[2] 《明武宗实录》卷49，正德四年四月癸酉。

们谩骂、责打。回京复命时，他们也往往信口雌黄，诬陷、诽谤无所不用其极。[1]

因厂卫四出，轻罪重罚而丧命的无辜之人为数众多。刘瑾倒台后，科道官指出三四年来仅因枷号而死的就多达数千人。[2]这个数据或许有所夸张，但仍然具有较高的参考价值。

钳制言路也是刘瑾擅权的重要手段。厚照最初重用刘瑾，主要是因为刘瑾给了皇帝一个美妙的承诺。他表示，只要像他这样干练的人进入司礼监，皇帝就可以为所欲为，绝没有朝臣再敢肆意妄言。

刘瑾清楚，文官中最能饶舌生事的非六科给事中和十三道御史莫属。他进入司礼监后，特别重视打击科道官。前面提到的，被枷号示众的安奎、张彧就是科道官，被酷刑害死的周玺也曾是科道官。

为了进一步控制这些言官，也为了巩固自己的权位，刘瑾奏请皇帝，命锦衣卫随时抽查六科给事中的工作。如果有人违规，严惩不贷。锦衣卫堂上官十分重视这项任务，安排该卫武官轮流抽查。

在刘瑾动用厂卫刺探百官过错，甚至残害无辜的政治局势下，锦衣卫不时抽查令给事中惶恐不安。同时，在长期崇文抑武的政治传统中，尤其是经过孝宗优遇士大夫的时代之后，上述举措又使这些言官的心中形成巨大的心理落差。

---

［1］《明武宗实录》卷55，正德四年九月壬戌。
［2］《明武宗实录》卷66，正德五年八月丁酉。

正德三年（1508）六月初三，锦衣卫指挥余真发现工科都给事中许天锡未到衙署。他略加询问，得知许天锡已经在两天前自杀身亡。[1]

许天锡，福建莆田人，弘治二年（1489）进士，时年48岁。他刚直敢言，砥节砺行，在京师颇负盛名，与科道官何天衢、倪天明并称言路"三天"。弘治年间，他曾在三年一次的考绩中名列第一，因而获得封赠父母的殊荣。厚照即位后，他仍然直言极谏，无所顾忌。[2]

关于许天锡之死，不同文献的记载虽然略有差异，但这些记载又可以相互补充，形成一个完整的叙事。据《东越文苑》，许天锡在临终前曾经上疏揭发刘瑾罪恶，但奏疏呈上之后没有得到任何回应。[3] 这在当时被称为留中不发。他无法知道，弹劾刘瑾得不到回应，是因为皇帝不信任他，还是奏疏压根就没有送达御前。无论如何，他清楚时常将奏章带回私宅处理的刘瑾已经知道他的行动了。

联想到刘瑾严厉打击科道官的情形，许天锡难免会产生自身难保的忧虑。偏巧，当时张彧、安奎正在枷号示众。想到同僚的悲惨遭遇，他感同身受。据李梦阳事后回忆，许天锡散朝途经公生门，看见跪在那里的张彧时，情绪失控。他双手抱住

---

[1] 《明武宗实录》卷39，正德三年六月己巳。
[2] 焦竑辑：《国朝献征录》卷86。
[3] 陈鸣鹤：《东越文苑》卷6。

张彧脖颈上的木枷，伏在上面嚎啕大哭。[1]

许天锡一度打算鱼死网破，击登闻鼓，状告刘瑾。当晚，他奋笔疾书，写下一千余字的登闻鼓状。状纸写好后，他的情绪再度失控。刘瑾的种种恶行，张彧头戴重枷的惨状在他的头脑中盘旋，进谏奏疏留中不发的经历也蓦然涌上心头。愤怒和绝望像两只利爪，撕扯他的身体。

或许士可杀不可辱，以死明志等念头让他决心离开那个黑暗的世界。又或许只是一时气血上涌，他一头撞向房柱。一声巨响过后，他痛苦地发现自己竟然没死。

许天锡没有携带妻儿来京，与他同住的只有一个苍头。可惜，闻声赶来的苍头，并不能打消主人求死的决心，只能眼睁睁地看着他将绳索套在房梁上，又将脖颈套在绳索里。或许是用力过猛，绳索断绝，许天锡狠狠地摔在了地上。他的气息已绝，双眼却炯炯有神，不肯瞑目。

据说，许天锡临终前曾嘱托苍头代他击鼓鸣冤。然而，苍头害怕惹祸上身，怀揣许天锡留下的登闻鼓状逃之夭夭。[2]

有气节的士大夫毕竟只是少数，包括科道官在内的多数官员选择了妥协。据《继世纪闻》，某日，刘瑾在都察院审录重囚的奏章中发现"刘瑾传奉"竟然连写了两遍，当即破口大骂。消息传来，都御史屠滽被吓得犹如惊弓之鸟，当即率领十三道御史浩浩荡荡地前往刘瑾处请罪。史料没有透露谢罪的具体地

[1] 李梦阳：《空同集》卷48。
[2] 焦竑辑：《国朝献征录》卷86。

点，但依情理判断多半是刘瑾的私宅。

只见宽阔的庭院里跪满了御史，他们面向堂前台阶，依次排开。刘瑾站在台阶上高声数落御史的过错，他不时厉声呵斥，如同辱骂自己家中的奴才。屠滽在刘瑾身边垂首侍立，一言不发。一百多名御史低眉垂眼，汗流浃背，还不时在刘瑾声调升高的时候叩头谢罪。直斥君非的凌云之气早已被他们抛到了蛮荒之地，真不知厚照听说此事做何感想。[1]

自此之后，科道官及六部属官见到刘瑾就恭行跪拜大礼。明人王世贞曾经做过一个比较。他指出，正统年间，迫于王振的权势，见到他就屈膝跪拜的官员比例占满朝文武的50%。与王振相比，成化年间得宠的大珰汪直相形见绌，见到他折节跪拜的官员仅占京官总数的30%。如果将刘瑾与王振相比，却可谓有过之而无不及。满朝文武见到刘瑾倒身便拜的比例高达京官总数的80%。[2]

高谈仁义道德的士大夫一旦摧眉折腰，很快就会斯文扫地。不久，文武官员拜谒刘瑾蔚然成风。无论是因公事离京还是事毕还京，他们通常都会先到刘府拜见。[3]

科道官在刘瑾的积威之下，噤若寒蝉，几乎没有人再敢直言极谏。更有甚者，给事中李宪、白思诚，监察御史储珊之流为虎作伥，揣摩或遵照刘瑾的意志，毫无底线地弹劾其他官

---

[1] 陈洪谟：《继世纪闻》卷1。
[2] 王世贞：《弇州史料》卷39。
[3] 陈洪谟：《继世纪闻》卷1。

员。尤其是李宪，借着与刘瑾是同乡的机缘，阿附刘瑾，不但甘当走狗，而且凌辱同官。[1]

窃取进退文武百官的大权同样是刘瑾擅权的重要手段。按照明朝的制度传统，吏部与兵部是掌管文武官员任用、升迁和罢黜的衙门。刘瑾深知控制吏部尚书与兵部尚书的重要性。刘瑾的同党焦芳、刘宇、曹元、张综先后担任过吏部尚书或兵部尚书。这里着重说一下焦芳和刘宇。

焦芳在刘瑾上位之前，已经晋升为吏部尚书。此人才疏学浅、暴虐无德，此前已有论述，今再举一例。厚照即位之初，广西思恩府土官知府岑濬伏诛，其家属被籍没入官。据说，焦芳听闻岑濬有妾甚美，遂设法占为己有，宠爱有加。无奈焦芳之妻善妒，闹得家中不得安宁。焦芳暴怒，竟欲持刀手刃其妻。

然而，此人颇善钻营。正德元年（1506），韩文上奏国库空虚，厚照命群臣开会商讨应对之策。焦芳见多数官员主张皇帝节俭，心中不以为然。他又看到门外的几个小太监不时侧耳倾听，便故意高声说道："天子富有四海，岂能过于拮据。再说造成国库空虚的原因并不是铺张浪费，而是到处都有拖欠赋税的奸邪之徒。"不出焦芳所料，这些话果然传到了皇帝耳中，皇帝由此对焦芳好感陡增。[2] 在我看来，焦芳在十月事件后入阁多半与此有关。同时，焦芳本为厚照东宫时期的讲官，按照明

---

[1]《明武宗实录》卷44，正德三年十一月辛丑；同书卷51，正德四年六月丙寅；同书卷55，正德四年闰九月丙子。

[2] 焦竑辑：《献征录》卷14。

朝皇帝选择阁臣的传统，前东宫讲官是成为阁臣的重要条件。

刘瑾上位后，焦芳阿附刘瑾，两人把持着文官任用、升迁的大权。试图贿赂刘瑾的各地官员，大多先贿赂焦芳，再通过焦芳贿赂刘瑾。如此行贿之人越来越多，因为他们通常可以借此达成所愿。[1]

与焦芳不同，刘宇能够先后出任兵部尚书和吏部尚书皆凭刘瑾之力。刘宇，河南钧州人（今禹州市），成化八年（1472）进士。此人除了身材高大魁梧之外，别无所长。当初，刘宇在宣府、大同等地总督军务。为图升迁，他用克扣边饷所得白银一万两重贿刘瑾。

此时刘瑾上位不久，所得贿赂通常不过数百两。见到刘宇出手如此阔绰，大喜过望，情不自禁地说："刘先生怎么这样看重我啊！"于是，刘瑾投桃报李，设法使刘宇回京掌管都察院。进入都察院后，只要属下御史稍有差错，刘宇便施以笞刑，痛加折辱。他这样做，主要是为了迎合刘瑾。果然，刘瑾不久便设法使他晋升为兵部尚书。

调入兵部后，刘宇便与刘瑾一道掌握了武将升迁的机会，于是他成为刘瑾之下重要的行贿对象。一年工夫，他便先后收取贿赂数十万两。此后，他又调入吏部，成为吏部尚书。不料，他在文官那里收取的贿赂远不及边镇武将。他不禁长叹："在兵部待得好好的，来吏部干吗！"[2]

---

[1] 焦竑辑：《献征录》卷14。

[2] 焦竑辑：《献征录》卷14；《明武宗实录》卷51，正德四年六月戊子。

除了借助吏部尚书与兵部尚书的力量进退文武大臣之外，刘瑾还不时利用厂卫官校荐举人才。正德四年（1509）八月，一个小人物突然出现在刘瑾的奏疏中，他就是江西新建县主簿孙环。原来刘瑾派到江西侦查百官善恶的官校回报，孙环廉洁、干练，查有实迹。于是，刘瑾上疏荐举。他这样做的目的，是彰显自己留心百官政绩。同时，也让百官明白，他们的升迁罢黜，就在他刘瑾一念之间。[1]

在窃取了进退文武大臣的权力之后，刘瑾不但接受贿赂，而且公然索贿。按照明朝的制度传统，吏部提议晋升内外官员时，通常推举两人。其中必有一人资历、威望达到相应标准，而这个人往往也是最终获得升迁的人选。另一个候选人由于通常升迁无望，被称为陪点。刘瑾打破了上述传统。为了索贿，他通常命吏部在资历、威望达到标准的人之外再多加推选。最终，他通常设法使陪点之人获得升迁机会。据《明武宗实录》，当时获得高官或肥缺的人虽然未必事先贿赂刘瑾，但得到官缺之后，如果不去刘府酬谢或谢礼微薄，往往第二天就被罢黜或者被勒令致仕。这些不懂"规矩"的人通常也很难逃过刘瑾的打击报复。[2]

京官出使地方，事毕回京时也往往要面对刘瑾的勒索。正德三年（1508），兵科给事中周钥前往淮安勘事，淮安府知府

---

[1]《明武宗实录》卷53，正德四年八月甲子。
[2]《明武宗实录》卷35，正德三年二月庚辰；张瀚辑：《皇明疏议辑略》卷32。

赵俊与周钥是老相识。为了应付刘瑾，周钥斗胆请老朋友帮忙，借贷白银一千两，赵俊慨然应允。谁知，当周钥事毕返京时，赵俊却突然食言。此时，周钥再想利用其他关系筹措资金，已经来不及了。他只好硬着头皮登舟起航。一路上，恐惧、忧愁、愤懑侵蚀着他的躯壳。

航船行至桃源时，同行者发现周钥已拔剑自刎。他们看到周钥虽然尚未身亡，但已经无法说话了。有人给他拿来纸笔，他勉强写下了十几个模糊难辨的字。其中"赵知府误我，可怜"等字尚可辨识。[1]

地方官也无法逃脱刘瑾的勒索。各地官员朝觐、述职时，不得不重贿刘瑾，以求破财免灾。一般而言，每个布政司需要白银二万余两。各地官员往往通过向京师富豪贷款的方式筹措资金。如果侥幸平安无事，他们会在回到当地之后，挪用官库中的银两加倍偿还。这样的做法广为人知，俗称京债。[2]

刘瑾权倾朝野，纵然是市井小民有时也难逃魔爪。为了建房租赁，开设客店、妓院等项谋私图利，他侵占猫竹厂等处官地5000余亩，拆毁官民房屋3900余间，挖掘百姓坟墓2500余冢。他还曾派人将酒保、磨工、水贩等游民及无业之徒逐出京城。慑于刘瑾的淫威，一些百姓称他为站着的

[1]《明武宗实录》卷44，正德三年十一月丙辰。
[2]《明武宗实录》卷46，正德四年正月庚申。

皇帝。[1]

据说，刘瑾本人也渐生不臣之心。他在私宅豢养余明、余伦、余子仁等江湖术士。这些人时常为他夜观天象，占候、算卦、相面。为了赢得刘瑾的欢心，这些术士谎称刘瑾的侄儿刘二汉命相贵不可言。所谓贵不可言是用含混的语言，暗示刘二汉有朝一日或许会君临天下。

刘瑾还广结党羽。据廖心一统计，被各类史料划为刘瑾党羽的官员共有一百多人。[2] 这些人党附刘瑾的罪名未必都能坐实，但阿附刘瑾的官员之多由此可见一斑。前面我们提到的先后做过吏部尚书或兵部尚书的焦芳、刘宇、张綵、曹元，锦衣卫堂上官杨玉等人都是瑾党，陕西镇（亦称固原镇）总兵曹雄也是。

曹雄在刘瑾进入司礼监之前，便在杨一清的推荐下出任陕西镇副总兵。他还曾参与弘治十八年（1505）抗击达延汗的战役，并获得朝廷的奖励。不过，由于宣大之役冒功者众多，曹雄战功的真伪已不可知。正德四年（1509）八月，朝廷批准了曹雄的请求，任命他为陕西总兵。陕西镇原本未设挂印总兵官。朝廷特将原属延绥镇总兵吴江的镇西将军印颁给曹雄，而将新铸的靖虏将军印赐给吴江。据《明武宗实录》，朝廷做出上述

---

［1］《明武宗实录》卷41，正德三年八月辛巳；张瀚辑：《皇明疏议辑略》卷32。

［2］廖心一：《刘瑾"变乱旧制"考略》，《明史研究论丛》第3辑。

安排，主要是因为曹雄与刘瑾关系密切。[1]

令曹雄与刘瑾的关系更为紧密的是瑈羊泉之战。正德四年
(1509) 十一月初五，曹雄与陕西镇副总兵杨英率军奔赴花马
池与三边总制才宽汇合，抗击蒙古大军。当夜，三军露宿边外。

第二天，才宽获悉部分蒙古军退至柳条川驻扎，遂率轻骑
百余人贸然出击。才宽虽然一度小有斩获，但当他率军追至瑈
羊泉时，蒙古援军逐渐增多。他督军力战，斩杀敌军十余人。

忽然，风沙之中伏兵四起，乱箭齐发。正在才宽惊疑不定
之际，一支羽箭破空而来，将他射落马下。数十名蒙古骑兵从
沙窝杀出，明军四散奔逃，徒步迎敌的才宽身中数刀而死。[2]

据曹雄事后奏报，当时他与杨英的军队与才宽部相距遥
远，不及救援。

为了逃避主帅战死，未能应援的罪责，曹雄抢先上疏自
劾。同时，根据曹雄日后的口供，他派遣他的儿子曹谧将自劾
疏送到京师，呈给刘瑾。刘瑾据此认为曹雄颇识事体，便设法
使曹雄免遭惩处。为了进一步结纳曹雄，刘瑾还将自己的侄女
嫁给了曹谧。[3]

明人王世贞指出，权阉刘瑾与边帅曹雄深相结纳，没人能
够推测他们的图谋。这也是一句讲究修辞的表达，意指二人意

---

[1]《明武宗实录》卷53，正德四年八月癸亥。

[2]《明武宗实录》卷58，正德四年十二月丁酉；关于战役细节另请参见
　　杨一清：《杨一清集》，中华书局，2001年，第721页。

[3]《明武宗实录》卷58，正德四年十二月丁酉。

图谋反。[1]

　　作为历史人物，厚照并不具备今人的后见之明。在他看来，刘瑾不过是他放出来的一条恶狗。这条狗叫得越凶，文官群体越怕，他就越得意。当时，他还没有意识到刘瑾已经对他构成了潜在的威胁。然而，一旦他发现这条狗可能会反噬，就会毫不犹豫地棒杀恶犬。

---

[1]　王世贞：《弇山堂别集》卷95。

第五章　寘镭之乱与权阉覆灭

世间万物总是朝着相反的方向发展，日中而昃，盛极而衰。老子对这个现象进行了精辟的阐发，他说："反者道之动，弱者道之用。"这句讲述宇宙人生的哲理同样可以用来分析历史。

无论是威震四方的霸主还是权倾一时的强臣，通常都有黯然收场的时刻。虽然这些人一度以为他们可以只手遮天，但当命运唾弃他们的时候，他们才发现自己也不过是任人践踏的蝼蚁。刘瑾就是这样。

刘瑾一度不可一世，每次朝会，他都倨傲地站在御座的左侧，公然接受朝臣作揖。他还肆意折辱大臣。例如刘璟，虽然贵为刑部尚书，仍被他当面诟骂。[1]

即便是同为"八虎"的同党，刘瑾也不肯放过。他凭借伶牙俐齿在皇帝面前搬弄是非，挑唆天子将张永调往南京。或许是酒后糊涂，厚照答应了刘瑾的请求。刘瑾即刻派人敦促张永上路，同时在禁门上张贴榜文，严禁张永入内。

张永，北直隶新城（今河北高碑店市）人。他11岁被选

---

[1]《明武宗实录》卷60，正德五年二月辛丑；同书卷69，正德五年十一月辛未。

入乾清宫侍奉宪宗，32岁起在东宫侍奉厚照。九年后，厚照即位，他被晋封为御用监太监，提督三千、神机二营，兼督十二团营。[1]

张永从来不是逆来顺受的人。他不顾一切地闯入禁门，直奔御前，当面询问自己被逐出京师的理由。厚照不耐烦地将刘瑾加在张永身上的罪名重复了一遍。张永闻言一一辩驳，痛陈自己无罪。他还指责刘瑾无端陷害自己。厚照一时无法辨明真相，便命人召刘瑾前来当面对质。

刘瑾、张永的对质并未持续多久。因为张永眼见刘瑾牙尖嘴利，信口雌黄，顿觉百口莫辩，情急之下他挥拳痛殴刘瑾。眼见张永打得眼红，大有在皇帝面前与刘瑾同归于尽的架势，当时在场的谷大用等人连忙上前将二人强行分开。

谷大用又命人安排酒宴，力劝刘、张二人当着皇帝的面摒弃前嫌。对故旧颇为宽厚的厚照也乐于做和事佬。于是，在谷大用等人的斡旋之下，刘、张二人暂时达成和解，厚照也收回了调张永去南京的命令。然而，张永从此对刘瑾恨之入骨。[2]

像张永一样，恨不得与刘瑾同归于尽的还有那些被他逐出京城的市井小民。他们聚集在京师东郊，多达一千余人。他们手持棍棒，对来往行人宣称，反正自己难逃一死，不如找个机会刺杀刘瑾。如果能够达成心愿，死也甘心。[3]

––––––––––––––––––

[1] 焦竑辑：《献征录》卷117。
[2] 陈洪谟：《继世纪闻》卷2。
[3] 《明武宗实录》卷41，正德三年八月辛巳。

更为凶猛的风暴来自九边军镇。明代的九边东起辽东，西至甘肃，是明朝抵御蒙古部众的军事防线。由于九边地处农牧交错地带，部分地方的土地不堪耕种或收成微薄，九边军镇实际上即便在明初也无法通过屯田解决军饷。此后，随着势要武官侵占屯田，开中制下盐粮贸易的破坏等因素，北边军镇获得的实物粮饷大幅降低，难以为继。明廷不得不从中央的财政资源中拨出部分银两，以年例、岁例的名目补贴北边军镇。成化、弘治年间，这笔补贴经费已经从临时拨发初步转变为一项以年例银为名的补贴制度。[1]

年例银在刘瑾权势日盛的时候突然终止了。正德三年（1508），厚照下诏不再拨发年例银。他指出，成化二年（1466）之前，没有所谓的年例银。当年宪宗拨发银两也只是应对边情紧急和自然灾害的权宜之计。他还强调北边地区既有屯田，又有民运粮草作为补充，理应军饷充足。各镇屡告匮乏，想必是盗取、浪费的缘故。[2]

刘瑾趁机奏请每年派遣科道官查盘各镇的粮草、马匹，[3]清丈屯田、罚米输边等举措多半也与他有关。这些措施与停止拨发年例银相辅相成，其目的无非是想在保证边镇军饷的情况下，节省朝廷的财政开支。

然而，明初北边军镇的屯田可以自给自足不过是为了迎合

---

[１] 黄阿明：《明代年例银制度形成探论》，《安徽史学》2015年第2期。
[２] 《明武宗实录》卷36，正德三年三月己亥。
[３] 《明武宗实录》卷36，正德三年三月乙卯。

强势君主编造出来的神话故事。严格按照明初含有大量谎报成分的屯田面积与屯田税额清丈、查盘，不但不切实际，而且会造成北边军镇的社会动荡。与此同时，侵占屯田的势要武官也不会心甘情愿地接受清丈和查盘。

刘瑾的过错并不在于奏请实行上述措施，而在于长期结党、索贿导致的吏治腐败。为了迎合刘瑾，前往北边军镇清丈、查盘的官员往往存在盘剥、勒索的现象。

社会动荡首先在辽东爆发。正德四年（1509），刘瑾派人四处丈量屯田，其中负责辽东清丈的是户部侍郎韩福。此人曾以政绩闻名天下。弘治年间，他任大名知府时，不但课税最多，而且将当地治理得盗贼灭迹，路不拾遗。正德年间，他因得罪刘瑾被逮入狱。刘瑾在查看卷宗时才发现韩福与自己是同乡。惯于利用同乡情谊结党的刘瑾，释放了韩福并设法使他晋升为户部侍郎。不知是为了避祸还是知恩图报，韩福一改往日所为，曲意逢迎刘瑾。[1] 据说他受命前往湖广赈济时，敛银万两，贿赂刘瑾。[2]

在辽东清丈屯田时，韩福的举措十分严苛，引发当地社会的强烈不满。当奉韩福之命行事的官员刘玉来到锦州、义州时，当地军余高真、郭成等人聚众胁迫当地将领、豪族阻止清丈。他们放火烧毁那些不肯接受胁迫之人的房舍、财产，殴打、驱

---

[1] 焦竑辑：《献征录》卷30。
[2] 《明武宗实录》卷66，正德五年八月戊申。

逐刘玉等前来清丈屯田的官员。[1]

群体暴力一旦实施，就可能会不断升级，以至失去控制。关键时刻，当地士绅贺钦在众人的恳求下出面调解。他反复告诫那些借机纵火、劫财的暴徒，只要不杀人就可能会讨得一条生路。他还派人给时任游击将军的韩玺送信，告诉他义州城中的暴徒有所克制。

韩玺是名将韩斌的嫡孙，其父韩辅是贺钦的高足。得到消息后，韩玺极力劝说试图出兵镇压的总兵官毛伦和镇守太监岑章，坚决主抚。随后，他上演了一幕单骑入城，弭平叛乱的好戏。

事变发生后，厚照将韩福紧急召回，并命辽东官员推选威信素著的当地将领继续清丈。最终辽东官员荐举韩玺主持这项工作。[2] 虽然由既得利益者清丈屯田不会取得理想的效果，但这样的妥协至少维持了当地社会的稳定。

与辽东的群体事件相比，宁夏镇的叛乱更加触目惊心。

正德五年（1510）二月十九日，宁夏巡抚安惟学到任。由于惧怕刘瑾派人查盘，安惟学下车伊始，便追征历年拖欠屯粮，追补历年倒毙、走失马匹。为了尽快达到追征、追补的目的，他采取了简单粗暴的高压政策。无论官军，只要不能如数补交屯粮、马价，他一概痛加捶挞。据说，被打者大多体无完

---

[1]《明武宗实录》卷53，正德四年八月辛酉。

[2] 杜洪涛：《戍鼓烽烟：明代辽东的卫所体制与军事社会》，上海古籍出版社，2022年，第162—163、225页。

肤。更有甚者，部分将士的妻子也惨遭折辱。

祸不单行。不久，大理寺少卿周东奉命至宁夏清丈屯田。为了讨好刘瑾，他在清丈过程中不顾事实，将50亩当作100亩，并按虚增亩数追征屯粮。同时，为了获取贿赂刘瑾的银两，他还按照每份屯田（50亩）索银一分的标准，勒索宁夏官军。[1]

世间常有幸灾乐祸之人。就在宁夏镇官军及其家属愁苦、愤懑之际，安化王寘鐇却喜上眉梢。

寘鐇不过是庆王府一支的一个郡王，但他的曾祖父庆靖王朱𣏵是明太祖的第十六子。若论辈分，他是厚照的曾叔祖。

寘鐇本有不臣之心。早在正德元年（1506），他就借着酒劲儿，对宁夏儒学生员孙景文等人说："以前有个相面的，说我有帝王之相。"他还时常与神婆王九儿往来。王九儿每次宣称鹦鹉神附体的时候，就称寘鐇为老天子。

寘鐇的同谋何锦、周昂也早已心怀异志。据说，时为千户、指挥使的何、周二人都是无恶不作的枭雄。正德三年（1508）左右，何锦进京参加武举考试。他眼见刘瑾擅权，朝政日非，心中窃喜。回到宁夏后，他对周昂表示造反的机会来了。

何锦、周昂与寘鐇相识于正德三年（1508）七月。当时，朝廷因故特开纳银升职事例。为了抓住这次机会，何、周二人通过孙景文的介绍与担保，分别向寘鐇借了几百两银子。二人利用这笔钱，晋升为都指挥使。

---

[1]《明武宗实录》卷62，正德五年四月庚寅；杨一清：《杨一清集》，第719页；张瀚辑：《皇明疏议辑略》卷32。

寘镭、何锦、周昂、孙景文等人虽然从此往来甚密，但彼此并未挑明谋逆之意。直到正德四年（1509）八月，寘镭才趁着请何锦、周昂等人到王府喝酒、听唱词的机会，表明心迹。他痛斥刘瑾擅权乱政，结党谋逆，随后说道："倘若刘瑾得了江山，我们的荣华富贵就都没了。不瞒你们说，我有天子相。如果你们拥立我做皇帝，打着讨伐刘瑾的旗号起兵，必成大事。"[1]

　　何锦、周昂、孙景文等人闻言大喜，当即应允。在场数人还指天发誓，所谋大事绝不外泄。

　　当正德五年（1510）安惟学、周东等人在宁夏大施淫威的时候，寘镭认定等待已久的机会终于来了。三月二十六日，他与何锦等人商议："如今追征钱粮、马价十分紧急，人心惶惶，正是我们起兵举事的大好机会。不过，如果我们找不到足够的人手，也难以成事。"

　　何锦等人闻言便与孙景文合谋，将对追征、追补意见颇大的掌印、管屯、管队官员丁广等十余人请到孙景文家中饮酒。席间，孙景文先从催逼钱粮、马价说起，触动众人心事，然后他直言不讳地说："算卦的都说安化王命中注定要做天子，如今王爷要举义起事，你们要是肯听王爷的安排，用计将巡抚、总兵、镇守太监都杀了，必成大事。到时候我们同享荣华富贵，岂不比现在挨打受气强！"

　　众人早对安惟学、周东恨之入骨，纷纷表示情愿起事。孙

[1]　张瀚辑：《皇明疏议辑略》卷32。

景文闻言立即拿出早已准备好的笔墨纸砚，写下众人的姓名。随后孙景文、何锦又与丁广等人焚香发誓，歃血为盟。

何锦日后供称，计杀三堂的计划在四月初五举行。当天安化王府以为镇守太监李增（我怀疑他与虞台岭之战中表现出色的监枪太监李增是同一人，但没有找到直接证据）接风为名，大摆宴席。李太监到了，总兵姜汉、监枪太监邓玉也到了。令主人颇为遗憾的是，巡抚安惟学、少卿周东因故缺席。

寘𬮁先请李太监等贵客分宾主落座，然后他一边强装镇定，说着一些场面话，一边频频举杯向李增、姜汉、邓玉敬酒。无论他表面看起来多么平静，内心却躁动不安。他知道他的女婿高嵩、夏琳，千户王环，家人王保，同党孟彬等人就埋伏在殿后，而何锦、周昂、丁广已经率领夜不收申居敬等人在王府周围的几个巷口把守；这些人随时都会冲进来，上演刀光血影的一幕。

觥筹交错之际，突然杀声四起。何锦、周昂、丁广等人挥动刀枪与高嵩、夏琳等人，里应外合，一起杀入殿内。丁广等人冲向姜总兵举刀砍杀，何锦见他身中两刀仍未气绝，连忙上前朝他头上猛砍两刀，结果了他的性命。高嵩等人则接连杀死了镇守太监和监枪太监。

并未到场的安惟学与周东也未能幸免。杀人宴会谢幕之后，何锦、周昂等人冲入都察院，只见都指挥杨忠正在公堂上向安巡抚禀事。他们一拥而上，将安、杨二人当堂杀死。

丁广与后来入伙的指挥冯经等人冲向按察司，去杀周少卿。冯经痛恨周东虚增屯田，看到他分外眼红，抽刀猛砍，周东毙命。

叛军杀红了眼，申居敬等人将书吏屠成、岳宁、董良乱刀砍死，在鼓楼附近路遇叛军的都指挥李睿也被当街杀死。[1]

何锦等人又派人到各衙门夺取巡抚、总兵、镇守太监等官的制敕、印信、关防、符验、旗牌等物，同时将各衙门文书尽数焚毁。

为了防止固原、延绥等镇的官军或京军前来剿杀，他们又夺取公私大小船只，集中在宁夏城边的黄河西岸。

当天，何锦、周昂、孙景文等人如约拥立寘镭为主。寘镭投桃报李，封何锦为讨贼大将军，周昂为讨贼左将军，丁广为讨贼右将军，孙景文为军师。其他从乱者也获得了先锋、将军、都护、总管等大小不同的官职。

寘镭又写下令旨二道，命人连同何锦写下的两封书信，分头送到杨显堡、玉泉营，调取在那里戍守或按伏的副总兵杨英与游击将军仇钺。杨英不愿从逆，但他已无力约束部下。都指挥胡显与多数军士自行溃散，返回宁夏城投靠寘镭。

游击将军仇钺也率军返回宁夏城。寘镭强令仇钺卸掉铠甲、兵器，才允许他进入城内。他还将仇钺所部军士打散后编入其他队伍，这实际上等于剥夺了仇钺的领兵权。[2]

寘镭还命孙景文撰写告示，在宁夏城等地四处张挂，此后又命孙景文写下告谕榜文，刊印四五百张，派人远赴各地散

---

[1] 张瀚辑：《皇明疏议辑略》卷32。
[2] 张瀚辑：《皇明疏议辑略》卷32。

发，制造声势。这两篇文字分别以《伪令》《伪檄》的名目保存或节录在《明武宗实录》与《今言》中。

《伪令》强调：近年以来，权阉乱政，民心尽失；今宁夏城官军揭竿而起，诛杀虐民大臣；安化王顺应民心，统率三军诛灭阿附权阉的逆党；宁夏镇官军人等，照旧贸易、耕作，历年拖欠的税粮、杂役一概免除；各城堡官军保守疆界，听候调遣，违者严惩不贷。[1]

与看起来更像是一张安民告示的《伪令》不同，《伪檄》旗帜鲜明地提出了起兵的政治主张。《伪檄》痛斥刘瑾蛊惑天子，变乱祖制；排挤忠良，阻塞言路；聚敛民财，抄没公卿家资；屡兴大狱，残害无辜；四处派遣厂卫官校，胁迫远近臣民；结纳张綵、曹雄等文武大臣，图谋不轨。《伪檄》还声称："今特举义兵，清除君侧；凡我同心，皆宜响应。"[2]

由于明朝信息传播渠道的局限，安化王谋逆的消息在将近二十天后才传到京师。刘瑾发现地方官禀告宁夏叛乱的题本中提到《伪令》《伪檄》，有的地方官还将原刊《伪令》《伪檄》一并进呈。他看到这两份文书公开指责自己擅权乱政，既惊且怒。然而，藩王叛乱毕竟是不得不报的大事，于是他仅将告示、榜文等事略过不提。[3]

寘锘反叛的消息一出，朝野震动。四月二十四日，厚照下

---

[1]《明武宗实录》卷62，正德五年四月庚寅。

[2] 郑晓：《今言》卷4。

[3] 张瀚辑：《皇明疏议辑略》卷32。

令廷臣开会商讨应对寘鐇叛乱的对策。随后，厚照接受廷臣的建议，革除寘鐇爵位，削去寘鐇一支的宗室属籍，派遣京军与陕西、宁夏、延绥、甘肃各镇军马讨伐逆贼。

两天后，厚照又颁诏大赦天下。在这份诏书中，他定下了处理宁夏叛乱的基调，即除何锦、周昂、丁广三名首恶严惩不贷外，其他官军只要反正效顺，既往不咎；如果能够擒斩逆贼，必有升赏。

不知是有意为之，还是无心插柳，厚照启用与刘瑾不睦的张永、杨一清总督军务，节制京营，讨伐寘鐇。[1]

杨一清，云南安宁人，成化八年（1472）进士，时年57岁。正德元年（1506），他被任命为三边总制，实际管辖陕西、延绥、宁夏、甘肃四镇。在此期间，他曾奏请在花马池一带修筑边墙，进而恢复河套。无奈他触怒刘瑾，被迫归家养病，仅修筑四十余里的边墙也不得不半途而废。[2]

据杨一清所撰《西征日录》，五月初一，锦衣卫舍人杨诰来到镇江，告知赋闲在家养病的杨一清宁夏有变。三天后，启用杨一清的敕书送达镇江，这时他才获悉寘鐇之乱的梗概。

五月初六，杨一清冒雨启程。渡江后途经扬州、高邮、泗州、灵璧等地一路北行。十八日，他途经洛阳时，得知张永已经率军进抵卫辉。四天后，当他行至华州时，又得到了一个重

---

[1] 《明武宗实录》卷62，正德五年四月己酉、辛亥。

[2] 焦竑辑：《献征录》卷15。

要的消息，真镛被捉，宁夏叛乱已经平息。[1]

当初，陕西总兵曹雄得知宁夏发生军变后，立即率军自固原向宁夏进军。为了安定民心，他命都指挥黄正率领两千四百名军士向黄河以东、与宁夏城相距仅九十里的军事要地灵州急行军。四月十三日，黄正进驻灵州。

曹雄又派部将率军在宁夏城以南一百四十里与三百一十里的地方渡过黄河，驻守河西要冲广武营与宁夏中卫。由于上述两处地方与宁夏城相比，地处黄河上游，占据这里便具备了掘开河道，水淹宁夏城的条件。因此，正如杨一清日后所说，曹雄此举是事先占据真镛必须攻取的军事要地。

接下来曹雄又做了四件大事。

首先，夺船。曹雄除了派遣黄正率军进驻灵州外，还交给他一项任务，即命令他与灵州守备史镛，逃至灵州的宁夏副总兵杨英设法夺取被真镛、何锦集中到黄河西岸的船只。

四月十四日清晨，杨英、黄正、史镛率领三千名军士由灵州出发，进军至黄河东岸。在他们的部署下，军士沿河列开阵势。他们又派遣镇抚温良等精通水性的两百名官军泅水渡河。邻近西岸时，温良等人张弓搭箭，射向为真镛看守船只的军士。叛军四散奔逃，官军趁机夺取被集中在西岸的船只，并将这些船带回东岸。

其次，烧草。十七日晚，驻扎广武营的都指挥佥事孙隆奉曹雄之命，派人将大壩、小壩成垛堆积的柴草全部烧毁。杨一

---

[1] 杨一清：《杨一清集》，第703—706页。

清事后评论，曹雄此举是攻实镨所必救。

其三，克期进讨。延绥镇亦派出副总兵侯勋、游击将军时源率领五千名军士前来宁夏策应。据杨一清《制府杂录》，曹雄曾与邻境官军协商克期进讨。这里的邻境，指的就是延绥镇。

其四，密信。灵州守备史镛等人与游击将军仇钺皆为宁夏镇将领，曹雄命史镛等人凭借这层关系写信给仇钺。这封信的内容大致是说，各路大军已经在黄河东岸集结，不日即渡河进讨；期望仇钺审时度势，在城内作为内应协助官军征讨实镨。史镛等人又设法找到仇书童等几个仇钺的家人，命他们带上书信，悄悄渡过黄河，潜入宁夏城后，设法不露痕迹地将书信交到仇钺手中。[1]

仇钺自从被实镨剥夺了领军权之后，一直赋闲在家。出于个人命运、政治选择等多重考量，他始终密切关注着宁夏的局势以及实镨等人的动向。他听说四月二十日，曹雄已经率领大军进驻灵州。他又获悉，实镨为了防止官军掘水灌城，派遣何锦、丁广等人率领一千五百名军士前往大壩、小壩戍守；宁夏城的防御转由周昂负责。

接到密书后，仇钺耐心地等待着立功的时机。不料，机会很快自己找上门来。四月二十三日，实镨派人到仇钺家，命令他陪同自己出城祭祀社稷、旗纛等神灵，仇钺称病不出。

或许是受实镨指使来一探仇钺病情的虚实，周昂亲自到仇

---

[1] 杨一清：《杨一清集》，第720页；张瀚辑：《皇明疏议辑略》卷32。

宅看望仇钺。正当周昂与仇钺假意寒暄之际，仇钺的伴当陶斌突然拦腰将周昂一把抱住，家人迅速将事先藏好的铁骨朵递到仇钺手中。仇钺接过铁骨朵，奋力一挥，击毙周昂。

割下周昂首级后，仇钺打开宅门，吹响号角，召集亲信旧部杨真等一百余人杀奔安化王府。他们斩杀孙景文、孟彬等，俘获李蕃、张会等，又将寘鐇及其眷属监押。

何锦、丁广听得宁夏城中有变，急忙率军返回。岂料，回军途中部将郑卿及其下属张帖木、鲍本等反正，攻杀叛逆，叛军大溃。何锦、丁广趁乱脱逃，他们连夜翻过贺兰山，企图北投蒙古。不过，当他们于第二天逃至哈喇木墩时，被百户马总，土达马旺等人擒获。

四月二十五日，曹雄率大军渡过黄河，寘鐇之乱基本平定。[1]

在这次平定叛乱的过程中，曹雄与仇钺的功劳最大。然而，两个人的命运颇有轩轾。仇钺虽然一度被皇帝怀疑与寘鐇暗中勾结，但最终朝廷选择继续信任他，静观其变。[2] 于是，仇钺平乱建功，名扬天下。与此相反，曹雄虽然在巡按御史周廷徽奏报宁夏功次时与仇钺并列一等，然而当朝廷论功行赏时，恰逢刘瑾倒台，他被定为逆党，押入狱中。[3] 杨一清事后感慨，能否功成名就固然有运气成分，但见利忘义，托身权奸

---

[1] 张瀚辑：《皇明疏议辑略》卷32。
[2] 杨廷和：《杨文忠三录》卷3。
[3] 《明武宗实录》卷67，正德五年九月丙辰。

者，应以曹雄为鉴。[1]

再说杨一清。在得知仇钺擒获寘镌的第二天，他上疏奏请撤回京军，以安抚宁夏军民。五月二十六日，身在陕城的杨一清从来自京师的使者那里得知，皇帝已命泾阳伯神周班师回朝。他还获悉张永奉命继续前往宁夏与他一起安抚当地官军人等。[2]

有的历史学家根据明人郑晓的记载认为杨、张二人的甘肃之行，对于铲除刘瑾具有重要意义。据说，杨一清在寘镌之乱平定后对张永感叹："宗藩叛乱容易剔除，但朝廷腹心之祸难以预测，如何是好？"张永故作不解，杨一清手画瑾字示意，并坦言愿意为他出谋划策。眼见张永心动，杨一清便教他乘间将寘镌《伪檄》进呈御览，揭发刘瑾图谋不轨。他还表示，果能如此，刘瑾必诛。事后，张永入京，依计而行。[3]

然而，杨一清自己的著述并未言及此事。其中他详述宁夏之行的《西征日录》也是如此。尤其是在记述九月初六他在宁夏听闻刘瑾被逮入诏狱的时候，既没提起张永，更未留下任何他曾为扳倒刘瑾出谋划策的记载。[4]

更重要的是，与郑晓塑造的那个在铲除刘瑾的过程中主动

---

[1] 杨一清：《杨一清集》，第720页。
[2] 杨一清：《杨一清集》，第705—706页。
[3] 郑晓：《今言》卷2。
[4] 杨一清：《杨一清集》，第717页。

出击、面授机宜、算无遗策的杨一清不同，在杨一清自己笔下，他是一个韬光养晦、明哲保身的智者。

据杨一清自述，六月初九，他与张永在宁夏之行中初次会面。二人在平虏城守御千户所衙门的后堂分宾主落座。略事寒暄之后，张永厉声喝道："我还没到宁夏，镇守太监（张弼），巡抚（马炳然）就将安化王等逆囚送过了黄河，他们怎么能这样做？"杨一清闻言连忙安抚张永。他表示从制度上讲他们确实不应该，但在人心惊疑之际也情有可原。毕竟早送走一日，早安生一天。

张永不依不饶："听说这件事都是陈侍郎捣的鬼，他想以此揽功！"杨一清明知户部右侍郎陈震是刘瑾心腹，刘瑾派他先到宁夏本是冀望他侥幸平乱，便可以取自己而代之。然而，他不露声色，说："陈侍郎六月初二才到宁夏，此时叛乱已平，他岂敢据为己功！况且送逆囚过河也不可能是他一个人的主意。"

"姓陈的背后有靠山，他才敢这么做！"或许是想试探一下杨一清，张永故意说得更为露骨。

"此皆反贼，乱臣贼子人人得而诛之。"杨一清的话表面看来不着边际，但他深信张永明白他说的反贼包括刘瑾。在婉转地表明心迹之后，杨一清继续就事论事："这几个官员纵然做得不对，皇帝可能也不会深究。况且道听途说，未必都是事实。有些事我们到了宁夏再定，你看怎么样？"

张永摸清了杨一清对刘瑾的态度，神色也缓和下来。他又与杨一清说了几句无关痛痒的闲话，便起身离去。[1]

如果杨一清明知张永与刘瑾有过节，才斗胆当着他的面暗骂刘瑾算是微露锋芒的话，那么在沙井监狱中杨一清的表现可以说是风骨无存。

六月十二日，杨一清与张永到沙井千户所监狱查看被押送到这里的逆囚。

何锦一看到当年的三边总制，不禁悲从中来，哭诉道："杨公若不离任，我们岂能闹到这步田地。"

"朝廷哪里亏待你们了，竟敢造反！"杨一清斥责道。

"宁夏镇官军惨遭镇守太监和巡抚的勒索、逼迫，他们对这些贪官恨入骨髓。我们造反，实际上也是想让他们松口气儿。"

"你要是真想做好汉，为什么不揭发他们的罪恶，让朝廷惩治这些贪官？"杨一清质问。

"他们的后台就是刘瑾，揭发他们有什么用，不过是自己找死罢了。"何锦无奈地说。

张永闻言面露微笑。据杨一清日后自述，当时刘瑾权势正盛，他不得不噤若寒蝉。[2]

在宁夏之行期间，杨一清与张永还有一场对白。不知何故，杨一清没有将它记在《西征日录》，而是写进了《制府杂录》。

据杨一清自述，张永曾直斥刘瑾："天下大事竟然被他败

---

[1] 杨一清：《杨一清集》，第709页。

[2] 杨一清：《杨一清集》，第710页。

坏到这种程度!"由于当时他与张永相识不久,二人周围又有许多刘瑾的心腹爪牙,他只得置若罔闻。当张永表示打算弹劾刘瑾推行的查盘等项政策时,他也未置可否。随后,他找了个机会私下对张永说:"公与刘公都是肱股之臣,但如今公在外,不宜轻开衅端。"张永闻言厉声喝道:"先生有所不知,我张永可不怕他!"杨一清应道:"公自是不怕,但他正在皇帝左右,公贸然上疏,真能直达御前吗?"张永明白杨一清是在奉劝自己谨慎行事,便不再坚持。

杨一清事后追忆,许久之后他才知道,当时他与张永的对话还是传到了刘瑾耳中。刘瑾打算陷害张永,但还没布置妥当,张永就已赶回京师。他还大发感慨,说张永虽然最终在刻不容缓的局势中铲除了刘瑾,但整个过程真可谓惊心动魄。[1]

据《西征日录》,张永在七月初二渡过黄河,押着赛镭、何锦等逆囚向京师进发。[2]

据《明武宗实录》,八月十一日,厚照身着戎服亲临东安门为凯旋的张永接风,文武百官也在东安桥的东面列队恭候。厚照命人将赛镭及其亲属共18人押送诸王馆,同时下令将反绑双手的何锦等数百名逆囚押入紫禁城,在御前举行隆重的献俘仪式。一时间,金鼓之声,响彻大内。

当天,厚照大摆宴席犒赏张永,刘瑾、马永成等人作陪。君臣兴致颇高,痛饮至深夜仍不肯作罢。或许是已不胜酒力,

---

[1] 杨一清:《杨一清集》,第721—722页。
[2] 杨一清:《杨一清集》,第713页。

又或许是看不得张永风光，刘瑾竟然在张永等待时机置他于死地的关键时刻，主动退场。

刘瑾的脚步声渐远之后，张永果断上前奏报刘瑾有意谋反，他还从袖中取出一份写有刘瑾十七条罪状的奏疏。

此时厚照已经吃醉了酒，他低着头喃喃地说："刘瑾这厮辜负了我……"

"爷爷，事态紧急，刻不容缓！"张永焦急地说。

马永成等人见状，也纷纷上前痛陈刘瑾的过恶。厚照这才拿定了主意，他命令四名身强力壮的长随前去逮捕刘瑾。他和张永、马永成等人跟在长随后面。

待厚照等人来到内直房，已是子夜。

"谁啊？"刘瑾十分警觉，不待厚照等人有所行动，当即高声喝问。

"皇上有旨！"一个机灵的长随应声答道。

刘瑾连忙披上那件青色蟒衣，推门而出。四名长随不由分说，疾步向前，将他捆绑起来。厚照又派出厂卫官校查封刘瑾宫中和宫外的两处宅第。

《明武宗实录》接下来的追述有些令人费解。据说，张永返回京师后，原定的献俘日期是八月十五日。这主要是由于刘瑾与张永不睦，故意拖延张永觐见皇帝的时间。张永获悉刘瑾的图谋后，当机立断，提前入京。[1]

这段追述与前边那段张永风光入京的铺叙相互抵牾。如果

---

[1]《明武宗实录》卷66，正德五年八月甲午。

张永果然是临时提前入京，那么这是一次相对秘密的行动，目的是让刘瑾措手不及。照常理推断，皇帝和满朝文武不可能都知道张永的计划，并且提前准备好盛大的迎接仪式和献俘仪式。也就是说，《明武宗实录》的记载存在可疑的地方。

《继世纪闻》的叙事与《明武宗实录》不尽相同。据载，张永押送寘镭等逆囚即将到达京师的时候，刘瑾传令让张永等人暂时在良乡驻扎，待皇帝选定良辰吉日再进京献俘。

张永拒不服从。他命令部下在良乡好生看管寘镭等逆囚，自己则带领几个随从轻骑入京。他于八月十三日闯入东安门，觐见皇帝。厚照大喜，亲自设宴犒赏。[1]

这一段叙述与《明武宗实录》中的那段追叙近似，而与《实录》入宫献俘的记载不同，在我看来更为可信。

聪明的读者可能会注意到《明武宗实录》与《继世纪闻》所载张永的入京时间存在差异。这个问题可以凭借比《明武宗实录》更为原始的史料做出判断。据刘瑾日后的供词，张永入京那天是八月十三日。[2]也就是说，《继世纪闻》的时间比《明武宗实录》可信。

《玉堂丛语》关于逮捕刘瑾的记载，也与《明武宗实录》有所不同。据载，张永在庆功宴上揭发刘瑾谋逆，奏请诛杀刘瑾。或许是因为醉酒的缘故，厚照迟疑不决。

张永深知如果不能在当夜扳倒刘瑾，必将后患无穷。情急

---

[1] 陈洪谟：《继世纪闻》卷3。
[2] 张瀚辑：《皇明疏议辑略》卷32。

之下，他连夜进宫，谒见张太后，将刘瑾蓄意谋反、皇帝犹豫不决等情况禀告太后。张太后毫不迟疑，下令逮捕刘瑾。

张永得令后，立即带上早已安排好的壮士，直奔司礼监内直房。刘瑾当时正在炮制伪旨，眼见张永等人闯入，他惊慌失措地问道："你要干什么？"

"奉旨抓你。"张永毫不客气地答道。

于是，刘瑾束手就擒。[1]

相较而言，我认为《玉堂丛语》的记载更接近事实。因为刘瑾被逮入狱后，厚照仍无意诛杀刘瑾，直到他亲眼看到刘瑾家中的数百万金银，数不胜数的各种宝物，私藏的衣甲、弓弩，与藏有两把短刀的折扇，这才最终相信刘瑾确实有意造反。[2]

无论如何，权倾一时的刘瑾一夜之间变成了阶下囚。那些曾经畏惧刘瑾的人，如今与痛恨刘瑾的人一样，恨不能生食其肉。据说，在刽子手凌迟刘瑾的三天时间里，人们争先恐后地抢食刘瑾的碎肉，往往须臾而尽。[3]

---

[1]　焦竑：《玉堂丛语》卷2。
[2]　《明武宗实录》卷66，正德五年八月丁酉。
[3]　陈洪谟：《继世纪闻》卷3。

第六章　荡平叛乱

在刘瑾被处死的四个月后，厚照为张太后献上徽号"慈寿"。在盛大仪式的过程中，厚照亲赴仁寿宫行礼。礼官高声宣读册文，册文中有如下文字："如今外叛既平，内衅已消，慈母教诲，不言而喻。"[1] 这里的外叛指的是寘鐇之乱，内衅则指铲除刘瑾。

我无法断定厚照生平唯一一次为母后献上徽号是否与张太后下懿旨抓捕刘瑾有关。可以肯定的是，厚照对于当时的局势过于乐观了。他当时未曾想到，各地民变会愈演愈烈。

正德年间的民变主体是失去土地的流民。但是，流民群体的膨胀是一个长期的历史过程。至迟从正统年间起，勋贵、势要之家开始兼并土地。随着土地兼并日益严重，流民问题也愈发突出。正如李梦阳指出的那样，在弘治年间这个问题已经形成了威胁明朝统治的隐患。

朝廷不是认识不到这个问题，也不是不想加以解决，而是在既得利益群体不断壮大的情况下问题已经演化为不易根除的痼疾。

直隶顺天府丰润县有一片原本无人耕种的所谓隙地，叫作

---

[1]《明武宗实录》卷70，正德五年十二月甲午。

魏家店，其面积在12000顷左右。随着社会经济的发展以及人口的自然增长，许多人开始打起这片隙地的主意。原有土地与魏家店相邻的人家可谓近水楼台先得月。褚銮等540户本县百姓逐渐将其中1700余顷土地开发成耕地。失去土地的阜城县流民高稳等人，也将这片隙地视为乐土，他们开垦了170余顷。

眼见魏家店的大片荒地被垦成农田，勋贵、势要不甘心袖手旁观。偏巧，英国公在车辆山的一处庄田也与魏家店相邻。为英国公张懋管理这处庄田的赵文才伪造契约，巧取豪夺。他谎称魏家店界内的所有土地，英国公早就买下了，有契约为证；因此，新开垦的农田皆归英国公所有。

《明武宗实录》在这段记载中有所遗漏，但根据常理判断，没有耕地的流民不敢与勋贵据理力争，高稳等人开垦的土地无偿并入车辆山庄田。

高稳等人虽然再次失去了土地，但他们还可以继续在这片土地上劳作。为了生存，他们在成为英国公的佃户之后不得不为虎作伥，帮他谋取本地居民刘钦等人开垦的魏家店土地。他们还招来大量流民，充当车辆山庄田新并土地的佃户。这些新来的佃户与高稳等人一样，每年将杂谷、鸡、鹅等物作为田租交给英国公的儿子张铭。

刘钦等人毕竟与流民不同，他们不甘心辛勤开垦的土地平白无故地被人抢夺。为了讨回公道，他们屡次到本县官衙状告英国公的管庄赵文才。不料，英国公及赵文才有恃无恐。知县多次传唤赵文才，他硬是拒不到衙。

事情后来闹到兵备道那里。这位大人虽然也不敢强行将赵文才押送官府，但他敢拿为车辆山庄田耕作的流民开刀。他强迫高稳等人离开丰润县，返回各自的故乡。

早已失去土地的流民在故乡并无立锥之地。如果被赶出庄田，他们将面临无处谋生的困境。万般无奈之下，这些流民决定铤而走险。他们推选高稳等人出面，冒死赴京将魏家店新垦土地献给朝廷。他们的目的无非是继续留在魏家店做佃农。他们是否达成了心愿，不得而知。因为编纂《明武宗实录》的官老爷不关心草民的命运。

当一笔横财不期而至的时候，皇帝也会怦然心动。他宣布接受高稳等人的孝敬，在魏家店设置直属皇家的庄田。弘治十年（1497），奉命而来的户部郎中王璘、王勤与巡按御史金献民勘定，魏家店皇庄的土地包括成熟土地1082顷，芦苇及水占地1200余顷。

照理说英国公再跋扈，赵文才再凶恶，也该给皇帝一个面子吧。岂料，他们偏偏不肯就范。赵文才坚持魏家店东部靠近车辆山庄田的土地归英国公所有，拒绝将这块土地转交皇庄。勘察官员不敢开罪英国公，便在赵文才指定的地方树立封堆，作为皇庄与车辆山庄田的分界。

奉命管理皇庄的宦官张璇到达魏家店后，发现皇庄的实际面积与勘察官上报的面积不符。大片土地的缺失，意味着皇庄的实际收入将远低于原来的预期。如果隐忍不发，他届时如何向皇帝交代？

张璇决定奏报皇帝。或许是为了避免矛盾过于激化，他先将矛头对准了勘察官员，指责他们勘界未明，但也没打算放过赵文才，只是将他置于相对次要的位置。他禀告皇帝，梁城千户所指挥杨辉的叔叔杨华以及赵文才欺瞒官府，隐匿土地。

张璇做得很有分寸，他没有控诉赵文才违抗圣旨，拒绝将已属于皇庄的土地交付给他。毕竟让事情有回旋的余地，对谁都有好处。

他为什么还要拉上看似毫不相干的杨华呢？《明武宗实录》并未加以说明，只是提到杨华也曾开垦魏家店荒地。我认为比较合理的解释是，杨华为了避免新垦土地无偿并入皇庄，在保留部分权益的情况下将土地投献给英国公。张璇揪出杨华，一方面说明他了解上述情况，一方面也是将杨华视为容易拿捏的软柿子。

事情最初并没有按照张璇的设想发展。孝宗虽然多次派遣官员勘察，但这些官员惧怕英国公及赵文才，往往因循了事。

厚照即位之后，事情不但未见改观，反而更为棘手。户部员外郎胡雍奉命前往魏家店查勘时，赵文才纠集杨华、褚銮等人，聚众阻拦。他们还向胡雍身上投掷石块，将他打伤。胡雍为了息事宁人，忍气吞声，敷衍了事。

正德二年（1507）七月，厚照得知实情后，决定彻底解决魏家店皇庄的遗留问题。他派出司礼监左监丞张淮，户部左侍郎张缙与锦衣卫都指挥佥事杨玉共同前往覆勘。赵文才再怎么凶悍，也知道锦衣卫的厉害。于是，拖延十余年的问题最终得到解决。皇庄新增耕地982顷，芦苇水占地2530余顷。[1]

---

[1]《明武宗实录》卷28，正德二年七月戊申。

皇帝维护自己的权益居然耗费了十多年的时间，受命前往踏勘的官员竟然被聚众投石。魏家店的故事说明，解决勋贵、势要兼并土地以及由此衍生的流民问题十分棘手。

如果将历史遗留的流民问题全部归罪于厚照，肯定有失偏颇。然而，他也不是无辜的雪花，甚至可以说他就是那压死骆驼的最后一根稻草。

厚照即位之后，内库告罄，国库空虚，许多廷臣力劝他恭行节俭。然而，他想不通，为什么勋贵、势要之家田连阡陌，堂堂天子却要受穷。他决定，加入抢夺土地的行列，建立皇庄。

明代皇庄可以追溯到天顺八年（1464）。英宗将在直隶顺义县板桥村抄没的一处土地拨为宫中庄田，其地仅有35顷。此后，宪宗增设皇庄一处，孝宗所增也不过三处。

厚照在登极一个月内建立的皇庄，就超过了英宗、宪宗、孝宗所建皇庄的总数。他当时在大兴县十里铺等地接连设置了七处皇庄。此后，又先后在三河、宁晋、昌平、南宫、新河、平隆、东安、宝坻、通州、武清、静海、大兴、安肃、青县等地设立皇庄二十四处。

根据厚照驾崩后清查皇庄官员的勘察，这些分散在直隶顺天等八府的皇庄占地多达37595顷46亩。

皇庄通常由太监管理，由奏带旗校维持秩序。这些人在皇庄之内作威作福，肆意妄为自不必说。管庄太监通常还招用本地奸猾充当庄头，并利用这些人通过移筑封堆，改变边界、四至，侵夺与皇庄相邻的土地。以前面提到的天顺八年（1464）建立的皇庄为例，正德年间这处皇庄的土地已增至75顷，比原来的数额增长一倍有余。

有的管庄太监还在交通要道起盖房屋，架设桥梁，私设关隘，抽分货物。无论撑船驾车，放牧牛马，还是采捕鱼虾，只要有利可图，这些太监就会设法与民争利。

自正德元年（1506）起，皇庄人员又获得了新的特权。此前，各处皇庄向宫中输送租税通常自备车辆、马匹。如今他们获得了朝廷颁发的符验、关文，可以向沿途府县索要马夫、马匹、车辆以及皇庄运送人员的伙食。有时这些皇庄的太监、旗校途经各县时，还无事生非，勒索财物。[1]

为了解决豹房庞大的开支，厚照又将此前归顺天府管理的宝源、吉庆二店变成皇店，交由太监于经管理。他还任用于经在京城九门、张家湾、河西务、临清等地开设皇店。无论骡车、马车、大船、小船，也无论是行商坐贾，还是挑担而行的小贩或途人，只要从坐落在交通要道上的皇店路过，就必须交税。在河西务开设皇店期间，于经还向管理钞关的户部主事索取大明宝钞，以便高价转卖给必须使用宝钞交税的客商。虽然像翟鹏这样正直的官员会拒绝于经的无理要求，但从于经所谓翟主事与其他主事不同推断，[2] 趋炎附势、同流合污的官员为数更多。

皇庄、皇店的开设，解决了皇帝的财务危机。然而，皇帝

---

[1] 陈子龙辑：《明经世文编》卷88。

[2] 陈子龙辑：《明经世文编》卷174；焦竑辑：《献征录》卷57；《明武宗实录》卷116，正德九年九月甲子。

公然加入勋贵、势要的行列，抢夺土地，干预贸易，严重破坏了社会经济的常规秩序。流民群体保不住祖业，也保不住他们自己新开垦的土地。随着与权力紧密结合的经济压迫不断强化，越来越多的破产农民以及小商小贩汇入流民的洪流。

厚照重用刘瑾也是促成各地民变的重要因素之一。首先，刘瑾擅政，贿赂公行，地方官只有更为残酷地盘剥百姓才能在官场上混下去。在那个贪官污吏横行的时代，老百姓的生活愈发窘迫。其次，在各地自然灾害连绵不断的情况下，刘瑾不但不奏请抚恤，反而催征历年拖欠的租税，穷苦无依的百姓只能铤而走险。其三，刘瑾利用厂卫推行恐怖政治的同时，在各地招徕、豢养了大批地痞恶霸充当爪牙。这些人在刘瑾倒台后也成了加速社会动乱的不安定因素。[1]

正德年间，最早爆发民变的地方之一是四川保宁府。保宁府与陕西汉中府毗邻。而汉中，正是三国时期五斗米信徒建立割据政权的地方。

最初在保宁府起事的民变首领也擅长道术。他叫刘烈，本名刘臬，四川眉州人，后潜入保宁府山中活动。他在正德四年（1509）揭竿而起，部众多达两千余人。明人陈洪谟将刘烈这支叛军称为妖贼。最初刘烈率众在保宁府四处劫掠，七月转战陕西汉中府。[2]

刘烈虽然一度僭号称王，封授官职，但他实际上是一个神

---

[1]　祝允明：《怀星堂集》卷22；高岱：《鸿猷录》卷12。

[2]　《明武宗实录》卷51，正德四年七月庚戌；陈洪谟：《继世纪闻》卷4。

龙见首不见尾的人物。当他在陕西战败，神秘失踪之后，四川、陕西两省冒用其名号者甚众。四川巡抚决定重金悬赏，捉拿刘烈。虽然赏银高达二千两，并画影图形，多方追索，仍杳无音讯。有人传说，刘烈已途经云南逃入外邦。[1]

刘烈虽然不知所踪，四川的民变却一发不可收拾。不知是否与刘烈曾长期在保宁府山中活动有关，后起的民变首领蓝廷瑞、鄢本恕、廖惠都是保宁人。

蓝廷瑞曾在山中拾得一方古印与一把宝剑，他借题发挥，对外宣称这是天降祥瑞。由于印与剑都是道家的法器，天降祥瑞的宣传取得了预期的效果。再加上民不聊生的社会环境，数万流民聚集在蓝廷瑞等人周围。

正德四年（1509）冬季，蓝廷瑞、鄢本恕、廖惠自号顺天王、刮地王和扫地王，率众起事。他们四处攻杀，远近震动。[2]

正德五年（1510）二月，厚照鉴于四川的流民起义已经波及四川、陕西、湖广三个布政司，声势浩大，决定启用老臣林俊担任四川巡抚，平定叛乱。

林俊，福建莆田人，成化十四年（1478）进士，时年59岁。宪宗在位时，他因上疏奏请诛杀或惩治皇帝的宠臣继晓、梁芳名闻天下。他自知性格耿介，不容于时，弘治九年（1496）奏请提前致仕。或许是求退心切，他不待批复，便启程返乡。弘

---

[1]《明武宗实录》卷61，正德五年三月丙子；同书卷64，正德五年六月癸巳。

[2] 高岱：《鸿猷录》卷13。

治年间，他虽一度被迫出山，但仍一心求退。此后，他为亡母守制，再度返乡。厚照即位后，他一直赋闲在家。至此才不得不再次出山。

林俊入川讨贼做的第一件事，是在途经夔州府下关（今重庆市奉节县）时，下令拆毁白帝祠。

白帝祠中供奉的是西汉末年割据巴蜀的公孙述，当地百姓祭拜白帝已有一千多年的传统，不知蓝廷瑞等人是否也信奉白帝。无论如何，在林俊看来，公孙述与蓝廷瑞、鄢本恕一样都是乱臣贼子。他要毁淫祠，励人心。[1]

随后，林俊听闻蓝廷瑞的部众已经发展到四十余万，他们分立四十八营，每营由大老人、小老人、总甲、小甲逐层管理。在临近通江时，他又听说，蓝廷瑞等人已经攻克通江县城，即将攻打巴州和保宁府城。

林俊急忙赶往巴州，谁知与叛军在华垄不期而遇。据明人郑岳撰写的《林公行状》，几个仆从用一顶轿子抬着林俊直赴敌营。林俊在敌营中，晓谕祸福，示意招抚。或许是慑于林大人的威名，又或许是被林俊的诚意打动，叛军首领罗拜谢恩，表示情愿受抚。他们还与林大人约定了归顺的日期。[2]

虽然《林公行状》没有记载林巡抚当时手中兵力几何，叛军人数多寡，但上述叙述并非凭空杜撰。林俊日后在写给友人的信中虽然没有讲述此事的细节，但在提及往事时，大发感慨：

――――――――――

[1] 林俊：《见素集》卷9。
[2] 郑岳：《山斋集》卷14。

"难道是我平生做了什么亏心事！招安甫定，阴雨连绵，山溪暴涨，道路断绝。群贼不能如约而至，此事遂中途生变。"他还在信中提到，蓝廷瑞时常以当时未受招抚，埋怨同伴："姓林的岂是欺骗我们的人！"[1]

受抚未成，蓝廷瑞等人四处劫掠。不过，蓝廷瑞与鄢本恕对未来的发展却各有各的打算，一个谋求占据保宁府，一个打算北上攻占汉中府。

林俊在集结兵力、整顿军纪后，猛攻通江县城。武将何定奋勇先登，诸军并力，收复失地。

暴雨忽至，冲毁了通江县的城墙。扫地王廖惠趁机回军，攻打通江。不料，林俊早有布置，四支伏兵先后杀出，廖惠大败。

林俊根据廖惠撤军时没有趁机烧毁粮仓推断，廖惠不会甘心失败，便派军驰援通江，官军连战连捷。

他又督率官军与奉命而来的土司军队，先后在四川门枕、城峡等处，湖广镇坪、茅坝等地连续击败叛军，擒斩廖惠、麻六儿、饶老人、李老人等叛军首领。蓝廷瑞等人被迫率众翻过大巴山，逃入陕西境内。[2]

林俊率军追击，在住河、高观山、神庙岗、三十六盘、绣鸡岭等地多次重创叛军。恰在此时，总制陕西、河南、四川、湖广军务的洪钟来到四川。由于与总制大人意见不合，林俊屡

---

[1] 林俊:《见素集》卷23。

[2] 郑岳:《山斋集》卷14；高岱:《鸿猷录》卷13。

遭掣肘，错过了平定蓝廷瑞部的最佳时机。[1]

一波未平，一波又起。正德五年（1510）十二月，另一支民变武装在自称曹王的曹甫率领下，自播州宣慰司转入重庆府境内。他们经南川、綦江等县，直扑江津，一路上大肆杀掠。据说，他们打算由此沿江而下，攻打重庆府城。

此时，四川精兵大多跟随林俊追击蓝廷瑞部，四川各地兵力空虚。恰在江津的巡按御史俞锱眼见县城不保，遂不顾城中百姓苦留，逃往重庆府城。

危难之际，佥事吴景挺身而出，率领典史张俊等人出城迎敌。乱军之中，吴景手刃三敌，但一支正中面门的羽箭让他不得不脱离战斗。待收兵准备入城，却发现县城已经陷落。情急之下，他高声呼喊："贼人，来杀我呀，别杀老百姓！"力竭被擒后，他拒不屈膝，被叛军杀害。[2]

江津坐落在长江之畔，距重庆府城仅一百八十里。曹甫军占据江津之后，如果再攻克重庆，便可顺流而下杀入湖广布政司。江津之变的影响，正如林俊给友人的信中所说："内地人心动摇"，"如不能从权处置，整个四川都有可能落入叛军手中。"[3]

林俊闻报果断回军驰援，并调发酉阳、播州土兵同赴江津。正德六年（1511）大年初一，他率军赶到江津。据他日后

---

[1] 高岱：《鸿猷录》卷13。

[2] 《明武宗实录》卷70，正德五年十二月己丑；同书卷71，正德六年正月戊辰；同书卷72，正德六年二月丁未；林俊：《见素集》卷23。

[3] 林俊：《见素集》卷22。

追述，他命官军与叛军隔江对阵，自己冒险进入已被烧杀一空的江津城。在空城中，他整日粒米未进，滴水未沾。仆从眼见出城的道路狭窄，担心万一敌军破城，难以逃脱，便建议林俊，届时乘船出逃。林俊笑着说："如果我的计策失败，我就死在这里。"

曹甫果然中了林俊的诱敌之计，派人攻打江津。这支叛军在前往江津的途中被林俊设下的伏兵击溃。与此同时，林俊麾下的各路大军趁机直扑何家老营。仓促之中，叛军急忙关闭营门，负隅顽抗。官军四面纵火，叛军大败。曹甫等五百余人被杀，被俘者与被焚死者各在七百人左右。[1]

林俊驰援江津后，蓝廷瑞等人的军事压力顿时减轻。他们收集残部，卷土重来。叛军从湖广布政司的竹山、四川夔州府的大宁一带，杀回保宁府。他们不但在通江、巴州等地烧杀劫掠，还在攻陷苍溪后顺势进入顺庆府，攻克营山。随后，他们再度回到保宁府，连克梓潼、剑州。[2]

在总制洪钟的协调之下，四川、陕西、湖广三个布政司出兵与奉命而来的土司军队合力围剿蓝廷瑞。叛军被迫又一次翻过大巴山，逃入陕西汉中府境内。四月二十八日，官军在石泉县熨斗坝发现蓝廷瑞部。

蓝廷瑞等人见官军紧追不舍，又见各地方坚壁清野，无处

---

[1] 林俊：《见素集》卷23；《明武宗实录》卷72，正德六年二月丁未。

[2] 《明武宗实录》卷71，正德六年正月癸酉；同书卷74，正德六年四月戊申；同书卷75，正德六年五月甲寅。

劫掠，便派出小老人何坤等表示愿意接受招抚。官军因兵力未齐，洪钟、林俊等人便虚与委蛇。五月初八，他们发布公文，要求叛军回到四川境内，于六月初八在夔州府东乡金宝寺会合，四天后赴达县归顺。公文还强调，蓝廷瑞等人如果使诈，中途有变或逾期未到，就终止招抚，立即剿杀。洪钟、林俊、陕西巡抚蓝章等人还命令数支官军跟在叛军的周围，随时施加军事压力。

叛军在进入四川什峪关等地时，似乎突然改变了主意，一连十余日拖延不前。即便超过了洪钟等人规定的受抚期限，仍犹豫不定。林俊在给朝廷的奏报中给出的理由是，贼首自知得不到朝廷宽恕，打算挨到秋季稻子成熟之际饱掠而逃。

蓝廷瑞等人又向官府提出将叛军全部安插在营山县或者临江市的要求。几名叛军还虐杀了松树垭的袁姓夫妇。这些情况，都被洪钟、林俊等人视为叛军使诈，无意受抚的证据。他们还获悉，大约从六月十一日起，叛军趁夜逃散的人数日益增多。为了避免贼首逃脱，他们决定智取。

蓝廷瑞也有自己的图谋，他计划买通随官军同来平叛的永顺土兵将领彭世麟。他将从前掳来的一名少女诈称自己的女儿，许给彭世麟为妾。彭世麟在洪钟等人的授意下将计就计，他以会亲家为名，将蓝廷瑞、鄢本恕等人邀入军中饮宴。席间，他发动伏兵，生擒蓝廷瑞等二十七人。叛军闻讯溃散，官军乘势出击，斩杀无算。[1]

---

[1] 陈子龙辑：《明经世文编》卷87；高岱：《鸿猷录》卷13。

厚照收到四川的捷报后，大喜。下令将蓝廷瑞、鄢本恕就地凌迟处死，枭首示众。洪钟、林俊等人各获恩赏。[1]

八月，曹甫遗党方四声势复振，他率众攻入南川、綦江等地，并声言要攻打江津、重庆、泸州、叙州，直捣成都。林俊会合各路官军以及土司军队，在江津两次大败叛军。随后，官军兵分六路，从大垭、小垭、月垭等关口直冲敌营，擒斩甚众，方四仅率两千余部逃入贵州思南府境内。

在四川民变基本平定之后，与总制不合，又对时局不满的林俊奏请致仕，他的请求很快得到了批准。这一方面是因为他不允许宦官子弟从军冒功，得罪了当权的宦官；另一方面是因为他奏请召回老臣刘健、谢迁，得罪了皇帝。[2]

林俊离开四川后，蓝鄢余党重新活跃起来。原来，当年赴彭世麟军中饮宴的叛军首领，有一人侥幸得脱，他就是小老人廖麻子。他聚众数万，攻劫州县，逼近关中，川陕震动。朝廷派出都御史彭泽、都督时源入川平叛。他们一力主剿，最终在正德九年（1514）平定了四川的叛乱。[3]

与四川民变发端于一个神龙见首不见尾的术士不同，北直隶的民变可以追溯到一位神通广大的带头大哥。这位大哥名叫张茂，他是顺天府霸州文安县人。他做的是无本生意，生意做得很大，日后名噪一时的民变首领刘宠、刘宸、齐彦名、杨虎

———————————

[1]《明武宗实录》，正德六年八月己卯。
[2] 高岱：《鸿猷录》卷13；郑岳：《山斋集》卷14。
[3] 王九思：《渼陂集》卷8；高岱：《鸿猷录》卷13。

等人当年都是他的手下。

他用打家劫舍、劫掠客商得来的钱财，在文安修建了一座高大、宽阔的宅子。这座宅子四面围有高墙，庭院中有大量地窖、仓库，用于储藏赃物和兵器；有排列整齐的房屋，用于收留江湖好汉和看家护院的高手；还有一座高楼，用于享受、议事，以及在危急时刻对抗官军。[1]

虽然《鸿猷录》在提到张茂手下刘宠、刘宸、齐彦名时，说他们任侠，擅长骑射，[2] 但是没有具体的例证可以表明张茂等人曾像梁山好汉那样，劫富济贫、替天行道。实际上，他们只是一群勾结权贵的响马。

一个响马如何勾结权贵？张茂靠的是地缘关系。原来京畿地区庄田密布，这里的百姓穷困不堪，往往将入宫当太监视为改变命运的重要手段。正德年间得宠的太监谷大用、马永成、张忠都是霸州、文安等地生人。[3] 偏巧，张忠的宅子离张茂家不远。张茂曲意逢迎，设法与张忠结为异姓兄弟。他又通过张忠，结交谷大用、马永成、于经等人。

张茂在结交张忠、谷大用等权贵的过程中耗费了大量的钱财，但这些投入回报显著。在张忠等人的安排下，张茂多次进入豹房，甚至获得了一次陪同皇帝蹴鞠的机会。

张忠还曾出面为张茂与河间府参将袁彪讲和。正德五年

---

[1]《明武宗实录》卷91，正德七年八月癸亥。

[2] 高岱：《鸿猷录》卷12。

[3] 陈洪谟：《继世纪闻》卷4。

（1510）春夏之间，张茂等人在河间府劫掠时，曾多次被袁彪击败。张茂害怕袁彪进一步追查，便请义兄张忠出面调解。

不久，捕盗将官与响马头目便在一张酒桌上相向而坐。这次宴会的东道主正是张忠。他将张茂、袁彪招到他在文安的私宅。席间，张忠一手拿着酒杯，一手指着张茂，叮嘱袁彪："这位好汉是我兄弟，袁参将今后不要找他麻烦。"袁彪畏惧张忠的权势，只得点头称是。张忠与袁彪一饮而尽后，又举杯对张茂说："今天你跟袁参将也算认识了，以后不要去他地面上闹事。"[1]

有权阉撑腰，张茂更加肆无忌惮。他们甚至在任丘县境内，洗劫了刘瑾的同乡，翰林院修撰康海。[2] 他似乎不太明白，再大的保护伞也有罩不住的时候。

且说当日刘瑾见各地盗贼横行，便派出宁杲、柳尚义、薛凤鸣三名御史分赴各地捕盗。其中宁杲驻军真定府，负责近畿地区。他不但大力搜捕盗贼，还推行连坐之法。为了制造声势，他又下令在解送盗贼以及被连坐的乡邻到真定府时，都要用鼓乐作前导。据说，府城中，金鼓之声，弥月不绝。[3]

由于立功心切，宁杲瞄上了大盗张茂。他率领骁勇军士数十人，突然闯入张茂私宅，他们轻车熟路地在张府中行进，迅速找到了张茂。张茂定睛观瞧，发现领路的官军正是前几日乔

---

[2]《明武宗实录》卷65，正德五年七月丁巳。
[3] 陈洪谟：《继世纪闻》卷3。

第六章 荡平叛乱 ／ 143

装打扮，来府上演奏琵琶的汉子。刹那间，几名军士一拥而上，用斧头砍断了张茂的双腿，并将他扔在事先准备好的马车上，扬长而去。

或许是事发仓促、应变不及，又或许是张茂自恃有太监张忠、谷大用、马永成、于经等人做靠山，不愿将事情闹大，官军闯入私宅抓捕张茂期间，没有遇到反抗。

事后，刘宠、刘宸，也就是日后以刘六、刘七闻名的民变首领，连忙赶到京师，拜托张忠、马永成等人解救张茂。张、马等人答应奏请皇帝开恩，放张茂一马，但他们告诉刘宠、刘宸，只有进献白银一万两，这件事才有希望。据《明武宗实录》，刘宠、刘宸一时之间难以筹措白银万两，便命杨虎外出劫掠。不料，杨虎竟然放火烧了官衙，刘宠、刘宸等人见势不妙，便四散奔逃，搭救张茂的事从此没了下文。[1]

颇为蹊跷的是，刘宠、刘宸、齐彦名、杨虎等人不久便接受招安，协助官府捕盗，杨虎甚至一度成为宁杲的手下。[2] 这就不得不让人怀疑，张茂被捉实际上是一群小弟为了招安，干掉带头大哥的故事。然而，史料不足，此事难于确证。

刘宠、刘宸、齐彦名、杨虎等人起初也想在官军中闯出个名堂。他们凭借娴熟的骑射技术和过人的胆量，在跟随官军捕盗时屡立战功。虽然他们深得御史蒋瑶的信任，每逢强贼肆虐

———————

[1]《明武宗实录》卷91，正德七年八月癸亥。

[2]《明武宗实录》卷68，正德五年十月乙巳；同书卷91，正德七年八月庚午。

都随军剿捕，但是他们通过军功出人头地的美梦很快就被一个小人物打碎了。

这厮不过是个家仆，名叫梁洪。他仗着自己的主子是权倾朝野的刘瑾，肆无忌惮地向刘宠、刘宸等人索贿。刘宠等人毕竟是常年混迹江湖的粗豪汉子，无法忍受宦官家仆的嚣张气焰，断然拒绝了梁洪的狮子大开口。

这种做法固然快意，但也付出了相应的代价。梁洪诬告他们名为官军，实为强盗，朝廷信以为真，下令画影图形，派军追捕。

刘宠、刘宸、齐彦名、杨虎等人事先得到消息，侥幸逃脱，但是他们的妻子、儿女却未能幸免。刘宠等人走投无路，只得带着破家之恨，重操旧业。正德五年（1510）十月，朝廷颁诏，自首免罪。刘宠等人赴霸州官衙自首，朝廷网开一面，命令他们协助官军捕盗。[1] 令人疑惑的是，刘宠等人接受招抚之后，没过多久就再次叛逃。难道他们只是为了戏弄官府，以报宿怨？可惜，现存史料没有留下相关线索。

刘宠、刘宸重操旧业之后，曾经被官军围困在文安县附近的村落中。当时，刘氏兄弟麾下仅有数十人。据说，兄弟二人被围在一处民楼之上。眼见势穷，便欲自寻短见。恰在此时，齐彦名率众来援。他们劫持数十名溃散官军，冲到刘宠、刘宸被困的地方，强迫那数十名官军与他们齐声高呼："救兵到

_____

[1]《明武宗实录》卷68，正德五年十月乙巳；祝允明：《江海歼渠记》不分卷。

了，别怕！"刘宠、刘宸闻言，振奋精神，张弓搭箭自楼内冲出，他们一连射杀数名官军。齐彦名等人见状一拥而上，官军大败。[1]

号称江南四大才子之一的祝允明曾受淮安知府罗循等人所托，写了一篇记述刘宠、刘宸之乱的文字——《江淮平乱事状》。此后，他又在此基础上，撰写了《江海歼渠记》。或许是罗循等人为祝允明提供了大量的官方资料，这两篇文献记录的时间、地点与《明武宗实录》等其他传世史料相比，更为详尽。

据《明武宗实录》，齐彦名解救刘宠、刘宸是正德六年（1511）六月的事。[2] 然而，本年五六月间，刘宠、刘宸已经纵横山东，攻劫州县，声势浩大。[3] 与前述部下仅有数十人，被困文安村落，情急之下便欲自戕的情形不符。

祝允明在《江淮平乱事状》中将此事发生的时间记在正德六年（1511）春季。或许是此后获得了新的证据，他在《江海歼渠记》中，将时间调整到正德五年（1510）冬季。他还提示读史者，此事发生在刘宠等人遭梁洪诬告，被迫逃亡之后。[4]在我看来，《江海歼渠记》的时间与情势相符，更为可信。

无论如何，齐彦名在文安村落救出刘宠、刘宸之后，他们离开了文安。自正德六年（1511）三月起，《明武宗实录》就有

---

[1]《明武宗实录》卷91，正德七年八月癸亥。

[2]《明武宗实录》卷91，正德七年八月癸亥。

[3]《明武宗实录》卷75，正德六年五月壬戌。

[4] 祝允明：《怀星堂集》卷22；祝允明：《江海歼渠记》不分卷。

刘宠、刘宸、齐彦名等人流劫山东，杀死京营指挥张英等六人的记载。[1] 不过，刘宠等人当时势单力孤。据《江海歼渠记》，他们逃到临清时，仅有十九人，三十匹马。为了逃避官军的围剿，他们一度远走湖广。

正德六年（1511）五六月间，刘宠、刘宸、齐彦名重整旗鼓，回到山东境内。与此同时，原本流劫山西州县的杨虎也率众东归，与刘宠等人会合。他们接连攻陷乐安、泰安、阳信、日照、威县、武城、清河、故城、景州、交河、吴桥、德州、阜城、寿光等山东及北直隶州县。[2]

不知有意示好还是反间计，刘宠等人攻入故城县时特意告诫手下，不准劫掠、焚烧马都堂的房屋、财产。[3]

这个马都堂就是马中锡。他在正德六年（1511）三月被厚照从大同巡抚任上召回，奉命提督北直、山东、河南等地军务，出师讨贼。他曾在彰德、泊头等地战胜流贼，晋升为左都御史。然而，当刘宠、刘宸、齐彦名等在五六月间流劫山东及北直隶的州县时，马中锡顿感有心杀贼，无力下手。

时任益都知县的牛鸾日后曾道出马中锡的苦衷。他指出，马中锡麾下仅有千余京军与数百民快，兵力如此微弱，岂敢贸然出战！[4] 然而，坐困愁城也无济于事。

---

［1］《明武宗实录》卷73，正德六年三月丁巳。
［2］《明武宗实录》卷75，正德六年五月壬戌；同书卷76，正德六年六月甲午；祝允明：《江海歼渠记》不分卷。
［3］陈洪谟：《继世纪闻》卷4。
［4］张瀚辑：《皇明疏议辑略》卷23。

七月，刘宠、刘宸、杨虎等人围攻枣强。面对两千多名强贼的围攻，枣强知县段乿毫不畏惧。他率众登城，鏖战三昼夜，杀贼二百余人。城破之时，段乿已身中数箭。忽然，一杆长枪又刺入他的体内。他抽出长枪、强忍剧痛，在乱军中振臂高呼："杀贼，杀贼！"眼见敌军越来越多，心知已无力回天，遂投水而死。

刘宠、杨虎等人下令屠城，四千八百余人死于非命，五十多户人家就此绝嗣。[1]

据《献征录》，马中锡曾亲率所部京军与参将宋振两路并进，驰援枣强。然而，两路人马怯懦不前，他只能眼睁睁地看着枣强失陷、被屠。万般无奈之下，他决心主抚。据说，他带着几名仆人直赴敌营，晓谕祸福，刘宠等人泫然涕下，横刀立誓，甘心受抚。[2]

《继世纪闻》与《明武宗实录》的记载与此大相径庭。据载，马中锡派人告诫北直隶、山东等地的地方官以及当地将领，如果刘宠等人从各官所辖地界经过，不但不许擅自剿捕，而且要提供饮食。他还派人四处张贴榜文，表示如果民变首领愿意受抚，他将设法豁免他们的死罪。

刘宠等人得到上述消息后，将信将疑。他们一边暂时停止劫掠，以示有意受抚，一边派人赴京师打探消息。刘宠、刘宸

---

[1] 《明武宗实录》卷77，正德六年七月丁巳；祝允明：《怀星堂集》卷22。
[2] 焦竑辑：《献征录》卷73。

还冒险来到马中锡驻军的德州桑园镇。[1]

据《明武宗实录》，马中锡打开城门将刘宸等人接入城内，设宴款待。席间，他苦口婆心，多方劝谕。

刘宸突然亮出底牌，说道："多说无益！我已经得到消息，皇帝不肯赦免我们。"

"哪有此事！"马中锡连忙否认。

刘宸不再答话，从衣袖中抖出一份诏书，上有不赦刘宠、刘宸等与悬赏擒斩等字样。不待马中锡答话，他蓦然抽刀在手，拂衣而去。[2]

这个故事固然精彩，但刘宸在明知不能赦免的情况下贸然入城，一逞匹夫之勇，颇为无谓。与此同时，如果说假意受抚是虚与委蛇的缓兵之计，那么突然与主抚高官撕破脸也颇为不智。

在我看来，《继世纪闻》的记载更为可信。根据这部文献的记述，马中锡在桑园开城招抚之后，刘宠被马中锡的诚意打动，又打算归顺朝廷。然而，刘宸持观望态度。他说："如今内官掌权，马老爷岂能践行自己的承诺！"不久，探子回报，朝廷无意招抚。刘宠、刘宸仍不死心，他们用劫掠而来的金银贿赂权贵，谋求赦免，仍无济于事。

自知没有退路的刘宠、刘宸、齐彦名、杨虎等人，只得放手一搏。据《江海歼渠记》，他们攻陷枣强之后，主要在北直隶

---

［1］陈洪谟：《继世纪闻》卷4。

［2］《明武宗实录》卷91，正德七年八月癸亥。

河间府劫掠州县。他们率众先后攻劫景州、阜城、献县、交河、兴济等地。七月十八日他们进入顺天府，攻克大城县，并在当天劫掠了固安的红村市。

随后，祝允明将笔墨倾注于叛军对运河沿岸州县的侵扰。据载，齐彦名、杨虎等人先后攻克青县、静海，他们烧杀掳掠，焚毁漕船。自七月二十八日起，杨虎、刘宸先后率众围攻沧州长达七日之久。除了劫掠郊野之外，他们还焚烧漕船三百余艘，焚毁民船无算。[1]

或许是祝允明所依据的材料有所缺漏，《江海歼渠记》在描述刘宸、杨虎等人七月至八月上旬的军事行动时，没有提及文安县，从而错失了平乱叙事中的部分精彩桥段。

据《明武宗实录》，七月二十四日，兵部奏报，刘宠、刘宸、杨虎等人率众抵达文安，迫近京师。厚照听从兵部官员的建议，命副总兵张俊、参将王琮、都指挥桑玉等率军驰援霸州、文安、大城等地。厚照还下令，京师及通州、涿州戒严。[2]

不可否认，《明实录》关于战役时间和地点的记述，时而准确，时而谬误。这一方面是因为前线官员有时如实奏报，有时又谎报军情；另一方面是因为有时编纂者准确记录，有时又将奏报送达的时间误作战事发生的时间。这就要求读史者在利用《明实录》中的相关信息时，须多加辨析。

民变首领赵燧的供词可以与前述《明武宗实录》的记载相

---

［1］ 祝允明：《江海歼渠记》不分卷。
［2］《明武宗实录》卷77，正德六年七月壬申。

互印证。赵燧又名赵风子，本是文安县生员。他供称，七月十五日，他的同乡董仲义等五百余人前往河间府投靠杨虎的部将刘惠。随后，董仲义等人跟随叛军北上，攻打文安县城。

值得注意的是，这段记载存在一个十分关键的错字，即"在彼驻扎十月"的"月"。由于该文献是逐月记事且后文有"九月初一日"等文字，因此这里的"十月"不能理解为这一年的十月份。也就是说，原文应为"在彼驻扎十日"。

如所论不误，叛军因暴雨水涨，在文安附近驻扎长达十天之久。期间，赵燧和他的妻子张氏等七十多名眷属在王东村附近的河水中躲避。至于他们是躲在船上、岛上，还是干脆站在水里，赵燧的供词没有交代清楚。无论如何，刘宸的部下发现了他们，并将他们驱赶上岸。

叛军见赵燧的妻子张氏颇有姿色，欲行不轨，赵燧忍无可忍，拔刀刺伤两名叛军。偏巧，刘宸经过此处，上前制服赵燧。正当赵燧即将被刘宸处死之际，杨虎的部将刘资（一般认为著名民变首领刘三本名刘惠，但赵燧供称刘资才是刘三）力劝赵燧入伙，刘宸这才放过赵燧。[1]

赵燧的供词与前述《明武宗实录》的记载表明，七月下旬，刘宠、刘宸、杨虎等人率军进入文安境内。

在此期间，刘资邀请手下干将，置酒高会。据赵燧供称，席间，刘资等人说道："我们这些人，不过是些马弁，难成大事，不如以建国扶贤相号召，从本县干起，召集数万兵马，图

_____

[1] 张瀚辑：《皇明疏议辑略》卷32。

谋天下。我们得下个毒手，才会有人归顺。谁敢不从，我们就破州灭县。如此先得了河北、河南，然后再杀奔南京建国。到时候，你们封侯拜相，全家受享，岂不是好！"[1]

这样重要的谋划不是出自刘宠、刘宸、齐彦名、杨虎之口，却由杨虎的部将刘资等人说出，这是什么道理？我想，这主要是由于赵燧此时刚刚入伙，见闻、视野受限的缘故。在我看来，刘资等人在酒宴上的一番慷慨陈词不过是在传达刘宠、刘宸、齐彦名、杨虎等人的决议。

八月，刘宠、刘宸、齐彦名等人率众向京师进军。据《继世纪闻》，叛军张打两面大旗，上写"虎贲三千宜捣幽燕之境，龙飞九五重兴汤武之师"。[2]

略嫌讽刺的是，八月初一，马中锡奏请招抚刘宠、刘宸、齐彦名等四十三人的奏疏才送达御前。八月初二，厚照就下令兵部侍郎陆完代替马中锡提督军务，率领抽调到京的宣府、延绥两镇边军与部分京军出师讨贼。[3]

陆完率军出发不久，军情就出现了变化。厚照与李东阳、杨廷和、梁储三位内阁大臣在左顺门召开紧急会议。据杨廷和日后回忆，当时陆完率军已经抵达涿州，而叛军却自固安北上。也就是说，叛军与官军在东西两条平行线上交错而行，如果不及时做出调整，叛军就会直捣京师。

---

[1] 张瀚辑：《皇明疏议辑略》卷32。
[2] 陈洪谟：《继世纪闻》卷4。
[3] 《明武宗实录》卷78，正德六年八月戊寅、己卯。

厚照来到左顺门，站在门内，南向而立。他对三位内阁大臣说："朕刚才已经命令兵部派人追赶陆完，命令他转而东进，你们看怎么样？"

"十分妥当！"李东阳说，"陆完出师未远，一两天之内可以赶上。"

见厚照沉吟不语，李东阳又说："贼船停泊在卢沟河的水套之中，这简直是自来送死。只要三军用命，擒斩不难。只是现在官军在北（陆完奉命东行后，相对而言在叛军的北面），或可敕谕东南诸将，严加提防，以免叛军逃走。"

"南面有张俊等人，应该不碍事。"厚照说道。

"如今盗贼肆虐，臣等不能出谋划策，反倒要陛下亲自操劳，臣等有罪。"杨廷和识趣地说。

"只要用心就好。"厚照答道。他又安抚了三位大臣几句，就命他们退下了。[1]

八月初七，叛军主力来到距京师仅有二百余里的霸州城外，刘宠、刘宸、杨虎等人下令劫夺官民船只，力图攻陷霸州。[2] 两天后，陆完麾下的指挥宋赟率军在固安郑各庄击败了叛军的先头部队。八月初十，副总兵许泰、游击将军郤永率领宣府镇边军，在霸州平口与叛军相遇。[3]

《明武宗实录》虽然将平口之战误记于九月初四，但提供

---

[1] 杨廷和：《杨文忠三录》卷3。
[2] 《明武宗实录》卷78，正德六年八月甲申。
[3] 祝允明：《江海歼渠记》不分卷。

了更多的细节。据载，叛军的主帅是刘宸和齐彦名。他们自起事以来，眼见官军往往望风而逃，轻敌之心油然而生。当他们面对边军时，仍然不以为意。他们率先发动进攻，却遭到了极为猛烈的反击。很快，数百名叛军人头落地。[1]

刘宸、齐彦名见势不妙，急忙率军退却。据山东布政使姜洪日后陈奏，叛军马匹充足，通常一人两马，一日一夜可疾驰两三百里。[2] 因此，他们的机动能力与行军速度远在官军之上。

脱离战场后，齐彦名试图奔袭静海、青县，掠夺船只，从海路逃走。不料，当他率军途经信安镇时，遇到了官军的阻击。官军将领正是厚照在左顺门御前会议上提到的副总兵张俊。

刘宠、刘宸、杨虎是怎样撤离霸州的，史无明文。可以确定的是，刘宠、刘宸撤到沧州时遇到了再次战败的齐彦名，他们一道南下。在到达曾与马中锡对饮的桑园镇后，自穆陵关向东而去。[3] 杨虎撤入山东境内后，其行军路线与刘宠等人背道而驰。他经平原、高唐西行，攻劫运河沿岸的商业重镇临清。

叛军进逼京师继而败退之后，关于马中锡的流言日盛，说他为护家私，力主招抚，玩寇殃民。厚照信以为真，命锦衣卫官校逮捕马中锡。第二年，马中锡在狱中病逝。[4]

---

[1] 《明武宗实录》卷79，正德六年九月庚戌。

[2] 《明武宗实录》卷85，正德七年三月庚戌。

[3] 祝允明：《江海歼渠记》不分卷。

[4] 陈洪谟：《继世纪闻》卷4；《明武宗实录》卷87，正德七年五月辛酉。

或许是为了避免前任的悲剧命运，陆完没有在同处运河沿岸的德州桑园镇驻军，而是进驻临清。他下车伊始，便接连推出四项措施。首先，广泛招募民兵，加强各地村落的自我防御能力。其次，拘收马匹，使叛军无马可劫，从而降低叛军的机动能力。其三，坚壁清野，使叛军无法通过劫掠得到补给。其四，修浚城防，加强府州县治所的军事防御能力。[1]

陆完上述举措的实际效果如何，不能尽知。至少在相当长的一段时间内，这些措施无法阻止刘宠与杨虎两支叛军在山东、北直隶与河南等地纵横驰骋。

由于地理形势的影响，当时叛军的活动范围大体西至太行，东抵大海，南至黄河（黄河当时流经徐州等地夺淮入海），北至京畿。其中，山东是他们最主要的活动区域。

一旦军情紧急，他们通常会利用两条行军路线离开这里。一条自鱼台、济宁、金乡西行，经小滩进入河南彰德府、卫辉府以及北直隶的大名府等地（皆在黄河以北）；另一条自沾化、海丰北上，进入北直隶的沧州、景州、霸州等地。待到时机成熟，他们会再次进入山东。如此周而复始，循环往复。[2]

正德六年（1511）秋冬之际，刘宠、刘宸、齐彦名等人的新动向令朝廷颇为不安。他们自青州府的乐安南下，进攻兖州府的沂州城与兖州府城。这两座城池，是泾王和鲁王开府的地

---

［1］ 王世贞：《弇州史料》卷30。

［2］《明武宗实录》卷85，正德七年三月庚戌。

方。他们似乎打算攻劫藩王，居为奇货。[1] 这与他们在文安确定的建国扶贤的策略相符。同时，这也说明，他们要扶立的是贤王而不是贤人。

正在朝廷震动、宗藩惊疑之际，刘宠等人又率军进攻运河沿岸的济宁。他们虽然未能攻陷济宁，却焚毁漕船多达1218艘。[2] 这对靠漕运维持京师粮食供应的朝廷来说，损失巨大。在我看来，刘宠、刘宸、齐彦名、杨虎等人先后围攻沧州、静海、青县、临清、济宁等运河沿岸城池，焚烧漕船，并非偶然的盲目行动，而是一以贯之的斗争策略。

厚照见事态严重，决定增调辽东、宣府两镇三千余名官军前往山东平叛。[3] 虽然增调边军一时还不能抵达战场，但是已经调入的边军仍然发挥了重要作用。冯祯、许泰、郤永等边将，在曹州裴子岩追上了刘宠率领的叛军。他们当即发动猛攻，先后斩杀两千余级，其中包括著名民变首领朱千户。[4]

当边军被刘宠等人吸引的时候，杨虎率军在山东境内纵横驰骋。杨虎的部将赵燧在蒙山击败了副总兵李瑾率领的京军，抢得不少火器、盔甲。对杨虎而言，那件俘获的蟒衣更为珍贵，他此后时常将这件战利品穿在身上。赵燧日后供称，他们往来兖州、济南、青州、登州、莱州等府攻劫烧杀，先后劫掠

[1]《明武宗实录》卷79，正德六年九月戊申、丙寅。

[2]《明武宗实录》卷80，正德六年十月甲申。

[3]《明武宗实录》卷79，正德六年九月丙寅。

[4]《明武宗实录》卷80，正德六年十月丙戌。

东平、高唐、济宁、沂州、曹州、青城、乐陵、灵山、日照等地。

十月底，杨虎一反常态，率军进入南直隶。他们攻打徐州受挫后，继续南下。十一月，他们自宿迁跨过黄河，劫掠灵璧、宿州，攻陷虹县。随后，他们又进入河南境内，接连攻克永城、夏邑、虞城、商丘等地。

由于虹县距皇室祖陵所在地凤阳不远，杨虎率军攻克此地时已经吸引了朝廷极大的关注。在杨虎攻克归德府城商丘后不久，宣府镇边军赶到。由于畏惧凶悍的边军，杨虎率众南下，进入南直隶的亳州境内。

杨虎死在了亳州白龙王庙的涡河渡口。据赵燧日后的供词，他们进入亳州境内时，遭到了当地卫所武平卫致仕指挥石玺等人的阻击。当战火烧到白龙王庙时，杨虎发现从颍州驰援而来的官军正在涡河对岸扎营。他一时气血上涌，率领黄宁等七名壮士，身先士卒，下河夺船。正当他们抢过一只船，直扑对岸时，几只官船一拥而上，撞翻了杨虎的船，杨虎等七人全部溺水身亡。[1]

最初，官军不知杨虎已死。他们只见适才随同溺毙七人下水夺船的叛军纷纷退至北岸，结成阵势，不肯退却。不久，又见叛军在河边焚烧纸钱。虽然从敌营中夺回的妇女王氏说杨虎已落水身死，但最终确认杨虎身份的是他的孙子杨经。此人在杨虎溺毙之前，已经被俘。

---

[1] 张瀚辑：《皇明疏议辑略》卷32。

杨虎毙命不久，刘宠、刘宸、齐彦名率军悄然北上。十二月初一，皇帝照例亲赴南郊，检视用于祭天的牺牲。不料，刘宠等人突然出现在距离京师不足百里的新城、涿州两县，烧杀劫掠。临近除夕，刘宠等人又出现在文安境内，图谋不轨。[1]

正德七年（1512）正月初十，厚照亲赴南郊祭天。在祭天大典举行的两天之前，刘宠等人率军劫掠霸州。大典结束一天之后，刘宠等人又攻陷了与文安相邻的大城县。[2]

叛军上述几次迫近京师，大都与皇帝亲赴南郊的时间邻近，不能不让人怀疑，他们有意劫持皇帝。当时还有一种传言，说齐彦名结交豹房大通事王永。在王永的安排下，齐彦名谎称王永的兄弟混入豹房，并在豹房逗留一夜。期间，他见过厚照。[3]或许是因为禁卫森严，才无功而返。

且说杨虎死后，其余党立刘惠、赵燧为主。赵燧日后供称，他们在太和县小南门击败了副总兵白玉后，进入河南境内，接连攻陷沈丘、鹿邑二县。

在鹿邑县，刘惠、赵燧开始整顿队伍。他们自称奉天征讨大元帅和副元帅，并自称与天上的武曲星与文曲星相应。他们又对照天上的二十八星宿，将队伍分成二十八营，还制定了"迎接者秋毫无犯，迎敌者寸草不留"的行动策略。[4]

---

[1] 祝允明：《江海歼渠记》不分卷。

[2] 《明武宗实录》卷83，正德七年正月甲辰、丙寅、丁巳。

[3] 《明武宗实录》卷90，正德七年七月戊戌。

[4] 张瀚辑：《皇明疏议辑略》卷32。

上蔡知县霍恩不惧寸草不留的恐吓，与城中士民歃血为盟，誓与上蔡共存亡。刘惠、赵燧杀到上蔡时，霍恩率众奋力抵抗。无奈，叛军占据故垒，居高放箭，霍恩等人无法支撑。

此时，霍恩的夫人刘氏正站在官衙后院的土台上，紧张地观察城墙上的动静。她眼见丈夫提刀下城，心知大势已去。毅然按照事先与丈夫的约定，悬绳自尽。不料，未绝复苏。她又拔下头上的簪子，对准心脏猛刺，这才命归黄泉。

霍恩被抓到刘惠、赵燧面前，叛军试图胁迫他跪下。他大声喝骂："反贼，我岂能为尔等屈膝？"叛军以死相逼，他咒骂愈厉。最终，他被叛军用刀豁开嘴角，肢解而死。为了以儆效尤，叛军还在上蔡县进行了大规模的烧杀劫掠。[1]

不久，西平、舞阳、叶县、裕州遭到了与上蔡相似的命运。在血腥暴力的威慑下，部分州县开始妥协。商水知县率领阖城师生将刘惠、赵燧迎入察院，奉为上宾。襄城县官民在城池未破之时，送出二十匹马，两千两白银。与此相应，叛军在上述地方未曾杀人。

刘惠、赵燧似乎也有意执行建国扶贤的策略。他们攻克舞阳县的时候，在县牢里找到一名叫作德静的和尚。这个和尚自称是唐王血脉，其母怀孕后被逐出王府。或许是对德静的身世有所怀疑，刘惠、赵燧没有拥立德静，但一直将他留在军中。这引起了唐王的恐慌。他特意派人给叛军传话：德静并非唐王骨血，留在军中无益，不如杀死了事。

---

[1]《明武宗实录》卷83，正德七年正月丙寅。

刘惠、赵鐩在河南声势日盛，叛军很快发展到135000余人。据说，曾有河南官员派人招抚刘惠、赵鐩。赵鐩趁机写下了著名的乞恩辩明奏本。赵鐩本是被迫入伙，原无叛逆之心。他曾在行军途中留下"惟愿君恩似海深，释我宁家万事足"等诗句。耐人寻味的是，他在乞恩辩明奏本中，没有恳请皇帝赦免自己，反而建议皇帝处死自己。他慷慨激昂地写道："请斩群奸以谢天下，再杀臣以谢群奸。"他所说的群奸指擅权乱政的宦官和佞臣。

正德七年（1512）正月，刘惠、赵鐩等人在襄阳、樊城、枣阳、随州、新野等地四处攻劫。二月，他们又攻破沁阳，前内阁大臣焦芳的家就在此处。叛军从焦芳府上掠得蟒衣、玉带、金银、绸缎无算。[1] 据说，赵鐩视焦芳为奸贼，攻打沁阳时曾想为天下手刃此贼。无奈焦芳辗转逃脱，赵鐩盛怒之下，拆了焦宅，刨了焦氏祖坟。[2]

在焦氏祖坟被刨之前，厚照已经意识到河南局势严峻。二月初二，他任命右副都御史彭泽为提督，与总兵官仇钺一道平定河南叛乱。[3] 厚照还调冯祯、时源、金辅等人率领各镇边军协助彭泽平乱。

赵鐩日后供称，眼见朝廷派大军剿杀，刘惠、赵鐩部下逃散者日众。二月二十二日，他们与各路边军在西平县（原文误

---

[1]　张瀚辑：《皇明疏议辑略》卷32。
[2]　《明武宗实录》卷92，正德七年九月庚子。
[3]　《明武宗实录》卷84，正德七年二月丁丑。

作西河县）相遇。《明武宗实录》提供了西平之战的细节。据载，叛军战败后，争相退入西平县城。待叛军半数入城之后，副总兵时源、冯祯，参将金辅等人率领边军冲杀、堵截，最终夺得几座城门的控制权。被困在城内的叛军纷纷爬上屋顶，负隅顽抗。至夜，官军纵火焚烧，趁乱攻杀，叛军大败。[1]

河南巡抚邓璋被西平之战冲昏了头脑，连日置酒高会。刘惠、赵燧趁机收集旧部，士气复振。他们攻劫鄢陵、西华、长葛、新郑、汜水、巩县等地，烧杀掳掠。他们还围攻洛阳，试图入城据守。

就在叛军围攻洛阳的第三天，副总兵冯祯、时源等人率众赶到。冯祯见叛军在洛河南岸布阵，便冒着风雨率军渡河。时源与参将姚信等人纷纷跟进。

兼程追击的官军本已饥饿、疲惫，行伍不整。又因部分战马在洛河中饮水解渴，官军的队伍更加混乱，偏又人心不齐，右路主将金辅明哲保身，率军逗留北岸，不肯过河。后路主将姚信贪功，反而率领所部京军冲到了前路主帅冯祯的前面。

赵燧见官军自乱阵脚，督率叛军发起进攻。京军战力孱弱，很快被叛军杀得四散奔逃。叛军乘胜进击，突然掩杀到冯祯近前。冯祯奋勇当先，率所部边军迎敌。混战中，他的坐骑被叛军击毙，他不得不下马力战。突然一杆长枪破空而来，夺走了

---

[1]《明武宗实录》卷85，正德七年三月己巳。

他的性命，官军大败。[1]

洛水之战的胜利并没有挽救叛军灭亡的命运。刘惠、赵燧率军进入汝州后得报，京军、边军以及从湖广调来的土司军队，已经分布在郏、叶、襄城、南阳、裕州等地，对他们形成了包夹之势。他们日夜兼程经宝丰、舞阳、遂平、汝阳逃至固始。

当刘惠、赵燧率军进入淮河南岸的朱皋镇时，彭明辅率领的土司军队闻讯赶到。眼见叛军仓促渡河，彭明辅率军乘势追杀，斩获颇丰。叛军溺水而死者两千余人，自行逃亡或投靠官军者不计其数。[2]

总兵仇钺、副总兵时源指挥各路人马紧追不舍，他们在南直隶六安州七里岗击溃叛军。刘惠、赵燧等人四散奔逃。其中刘惠在辗转逃至嵩县土地岭时，穷蹙难安，自缢身亡。[3]

赵燧日后供称，五月初五，他在应山县境内的东化山遭散残部，并剃去须发，乔装僧人。他还夺得一道度牒，打算冒名顶替，无奈同伙邢本道被俘后供出实情。于是，官军、民快四处查访，缉拿赵燧。最终，武昌卫军人赵成等人在江夏县管家套的一个村店里捉住了他。

再说刘宠等人。他们在祭天大典期间屡次逼近京师之

---

[1]《明武宗实录》卷85，正德七年三月辛未；同书卷91，正德七年八月己酉；张瀚辑：《皇明疏议辑略》卷32。

[2] 张瀚辑：《皇明疏议辑略》卷32；《明武宗实录》卷83，正德七年五月戊申。

[3]《明武宗实录》卷88，正德七年闰五月壬辰。

后，便率军南下。二月十六日，刘宠、刘宸、齐彦名率领一万七千名叛军劫掠南直隶邳州的泇口集。由于邳州位于运河沿岸，漕运都御史张缙担心叛军故技重施，焚劫漕粮。他紧急派兵南下拦截，半日之间，所有漕船尽皆南返，保住漕粮二十余万石。

十天后，刘宠等人率军直扑邳州。叛军皆着白衣，三面攻城，守军以弩砲还击。不久，一支叛军攻破邳州东束门。不料，此门之内复有一门。惊疑之际，守将张瀛打开内门，冲杀而出，叛军败退。

刘宠故意将一百五十余名疲弱叛军以及火铳、马匹、骡子等物留在近水湿地，以为疑兵之计。见官军不敢追击，这才拔营北返。

据归顺官府的叛军刘宗礼声称，刘宠等人这次南下，曾有意与刘惠、赵燧等杨虎余党合兵攻打南京。无论这是夸大其词，还是确有其事，直到刘宠败亡，叛军也未曾兵临南京。

刘宠等人北上进入山东境内后，遭到增调而来的副总兵刘晖的攻击。刘晖率领辽东镇边军在山东藤县吕孟社击败叛军，斩杀近千人。此后，提督陆完指挥各路人马逐渐将叛军逼入登莱海套。四月初三，刘晖、郐永等人率领各路官军在嵩浅坡和古县集对叛军发动总攻。一番鏖战过后，叛军伤亡惨重。

刘宠、刘宸、齐彦名冒死冲杀，最终仅率三百精锐逃出重围。出人意料的是，他们间道北进，直扑河西务。厚照多次派京军驰援，皆被叛军击败。正当京师震动之际，叛军忽然又沿运河南下，扬长而去。[1]

由于各路边军的追击，刘宠等人无法在中原立足。五月，叛军经河南进入湖广布政司。或许是为了适应南方水系纵横的自然环境，他们决定弃马登舟。他们做出这样的决定，也说明生于当年水系丰富的顺天府，常年在运河沿岸活动的刘宠等人谙熟水性，掌握驾船技术。

他们在长江岸边的团风镇夺取十几艘大船，溯江而上。在夏口，他们偶遇曾在寘鐇叛乱后出任宁夏巡抚的马炳然。据说，马炳然自四川到南京赴任，途经武昌时，湖广布政使、按察使与都指挥使齐来问候。不料，马炳然神色倨傲，令湖广官员大为不满。他们明知刘宠等人已到夏口，却相视默然。

当马炳然的船行至夏口时，几个胥吏打扮的人谎称前来迎接。马炳然毫无防备，遂令这些人上船。来人正是刘宠手下，他们残忍地杀死马炳然，并将他的尸首投入长江。

汉口指挥满弼闻讯赶到，擒斩六十一人。据《明武宗实录》，其中一人中箭落水而死，此人便是刘宠。[2]

《(嘉靖)汉阳府志》的记载与此不同。据载，刘宠等人沿江劫杀，由汉口杀向汉阳。当时汉阳里城未筑，通判徐弼事先买竹木、拆民居，集木为架，倚城建梁，横于江上。

刘宠等人抵达汉阳后，飓风突作，五艘大船被风打沉，七艘不得近城。唯有一船驶至城楼之下。这艘船上除了本船叛军

---

[1] 祝允明：《江海歼渠记》不分卷。
[2] 《明武宗实录》卷87，正德七年五月丙寅。

之外，还集中了五艘沉船上的叛军。他们发箭攻城，城楼受矢如猬，守军也用弓箭与石块还击。不久，舍人张贵率土司军前来救援，叛军矢尽溃败。官军乘胜追击，擒斩甚众。战后，官军从长江中捞出了刘宠的尸首。[1]

刘宠死后，刘宸、齐彦名率众顺流而下。闰五月，他们突然出现在南直隶通州（今南通）的狼山与常熟的福山港。他们攻杀劫掠，纵横江上。一个月后，各路官军陆续南下，刘宸、齐彦名惶恐不安。他们企图夺马北遁，无奈官府拘藏马匹，野无所掠。他们又想入海北上，也未能如愿。

厚照见叛军日益穷蹙，命提督陆完克期进剿。七月十三日，陆完抵达扬州。他调集副总兵刘晖等人率领各路人马围困叛军。

所谓大难临头各自飞。部分叛军眼见覆亡在即，自行逃散。刘宸的爱妾丁氏、阮氏也不甘人后，她们知道朝廷有首恶必惩，胁从免罪的旨意，便灌醉刘宸，逃往通州自首。

两个女人的背叛使刘宸失去了理智，他率领仅有的二百余名部下进攻通州，铩羽而归。

当晚，暴风劲吹，天明未息，贼船多半被风打沉。在幸存的大船上，叛军彻夜匍匐，相互撞击，彼此诟骂。突然，他们发现一艘米船被官府招募的勇士钻沉，便慌忙弃船登上狼山。

七月二十一日子夜，刘晖率领辽东镇边军，郤永率领宣府镇边军悄然向狼山进发。第二天，官军发动总攻。辽东军由山北，宣府军由山南两路并进。叛军占据山顶古垣，居高临下，

———————————

[1]《（嘉靖）汉阳府志》卷1；同书卷3。

弓箭、石块齐发。边军高举盾牌，膝行登山，且上且攻。

刘宸、齐彦名等人见官军纵有伤亡，毅然不退，不觉气馁。他们寻找小路，逃往山下。为预防万一，他们事先在山崖下面藏有小船。不料，在那里等着他们的除了小船，还有官军的弓箭。

刘晖部下列队放箭，江面的官船上也矢下如雨。刘宸眼见末路已近，遂投江而死。四散奔逃的叛军被追斩殆尽，齐彦名也在混乱中身首异处。[1]

厚照得知刘宸、齐彦名先后毙命的消息后，十分满意。他下令刀剐刘宸、齐彦名的尸体，并割下他们的头颅在霸州示众。他还下令将赵燧、陈翰、贾勉儿等三十七名叛军大小首领械送京师。从赵燧的供词被整理成《献俘疏》与厚照尚武的性格分析，当时应该举行了隆重的献俘仪式。厚照在将赵燧等人处死之后，还不顾朝臣反对，将为首六人剥皮制革，制成马鞍。据说，此后他骑射之际，时常使用这个特质的马鞍。[2]

---

[1] 祝允明：《江海歼渠记》不分卷。
[2]《明武宗实录》卷92，正德七年九月癸酉、庚子。

第七章 与达延汗对决

厚照的心中有根刺，这根刺来自北方草原上的达延汗。

达延汗虽然是复兴蒙古鞑靼部的英雄，但他的身世格外凄惨。他的曾祖父阿噶巴尔济，是岱总汗脱脱不花的异母弟。阿噶巴尔济虽然贵为吉囊（亲王的音译，相当于副汗），却生不逢时。他生活在瓦剌极为强盛的时代，也生活在瓦剌首领也先的阴影之下。

也先在土木堡之战击败明军、俘获明英宗后更加不可一世，他逐渐萌生了从黄金家族手中夺取汗位的想法。他以汗位为诱饵，联合阿噶巴尔济推翻岱总汗。阿噶巴尔济虽然在其兄兵败身死后自称可汗，最终却被也先所杀，沦为后者抢夺汗位的垫脚石。

达延汗的祖父阿剌苦出得知阿噶巴尔济被害后远走他乡，却仍在当年死于非命。

达延汗的父亲孛罗忽吉囊是阿剌苦出与也先之女所生。对达延汗来说，更为不幸的是，在他年幼时，父亲也被政敌杀害。

7岁那年，达延汗的曾叔祖满都鲁汗（脱脱不花和阿噶巴尔济之弟）的继室满都海哈屯决定按照收继婚的传统嫁给他。满都海虽然为他奉上了大汗尊号，但由于年纪尚小，权力实际掌握在 33 岁的满都海手中。据《蒙古源流》，满都海曾将达延汗装在坐箱里，带着他讨伐瓦剌四部。[1]

在满都海和达延汗的不懈努力之下，瓦剌部被驱逐到天山以北及中亚地区。明朝官员对于北方草原的变局也有所认识。弘治八年（1495），明朝官员指出，如今达延汗（明人称他为小王子）部落强盛，将数万瓦剌精兵阻隔在明朝疆域之外。[2]

厚照年少时即对达延汗有所耳闻。自他 6 岁（弘治九年，1496）起，达延汗就开始频繁劫掠明朝边境。在他 10 至 11 岁的时候，达延汗连续两年大举进犯，致使京师戒严、人心惶惧。相关传闻理应在小厚照的心中留下深刻印象。更让他难以忘怀的是，他登极不久，达延汗便率军南下，给了他一个下马威。

没有证据表明，厚照自幼尚武与达延汗有关，但达延汗的入侵至少对此产生过一定的刺激作用。

我也不能说，厚照苦练骑射，就是为了有朝一日奔赴边塞，与蒙古骑兵舍命搏杀，但至少他会将五征沙漠的成祖与亲征兀良哈的宣宗视作自己的榜样。

与此同时，明代名将戚继光虽然对厚照巡边颇有微词，但他坦承厚照大内练兵是因为蒙古大军侵袭的奏报连年不断。[3]

厚照迟迟没有率军北上，这是什么原因呢？首先，达延汗

---

[1] 萨冈彻辰著，乌兰译：《蒙古源流》，内蒙古大学出版社，2014 年，第 194 页。

[2] 《明孝宗实录》卷 97，弘治八年二月甲戌。

[3] 戚继光：《止止堂集·横槊稿中》。

在正德初年忙于统一蒙古右翼，无暇南顾。因此，蒙古部众虽然不时入塞掳掠，但并未大举进犯。其次，自正德四年（1509）起，明朝内部的叛乱不断。其中江西虽然没有出现著名的叛乱首领，但当地的叛乱持续时间很长。直到正德十二年（1517）才基本平定。其三，一旦宣布亲征，来自文官方面的舆论会如何强烈，不问可知。其四，京军孱弱，不堪大用。

直到他调用边军平叛，事情才发生了变化。他看到将京军打得落花流水的叛军，被边军打得四散奔逃。于是，他产生了一个大胆的想法。正德七年（1512）十月左右，他命阁臣李东阳草拟诏书，调边军入卫京师，调京军戍守边疆，每年互换。不料，一向温和的李东阳却执意不肯拟旨。据《鸿猷录》，厚照为了给李东阳施加压力，派人告知李东阳，他自黄昏时分起在宫门附近坐等李东阳拟旨。[1]

最终厚照等来的不是李东阳草拟的圣旨，而是所谓的十不便。李东阳指出：边军、京军各有信地，不应无故调动；京军孱弱，守边恐损国威；边军强悍，入京骇人耳目；京军在外，欺凌弱小，边疆受害；边军入内，仗恃皇恩，藐视官府，难于治理；风俗不同，气候差异，对调之后，难于适应；往来调动，除赏赐之外，还靡费粮草、布匹、棉花；调换不息，日久生恨，或途中祸起，或变生肘腋，防不胜防；边军眼见京师空虚，恐生非分之想；京军戍边，驰援呼应恐不及时，终将误事。他还强调，五府六部官员以及言官都不同意京军与边军对

---

[1] 高岱：《鸿猷录》卷14。

调，臣万死不敢奉诏。[1]

当晚，厚照是纵情声色，还是以酒浇愁不得而知。可以确定的是，他没有放弃自己的想法。第二天清晨，他决定绕开内阁，直接下旨调宣府、大同、辽东、延绥四镇的精锐边军入京。[2]

厚照虽然强行实现了自己的意愿，但对李东阳不肯草拟诏书的事情耿耿于怀。一个月后，李东阳提出辞呈。这对厚照而言，已是屡见不鲜。自刘健、谢迁致仕之后，李东阳时常以年老多病为由提出类似请求，厚照往往温言婉拒。然而，这一次，他一反常态，十分痛快地恩准李东阳致仕。[3]

边军入京后，厚照仿照京军团营的编制在豹房设立东西两官厅。他任命太监张忠掌管东官厅，边将许泰掌管西官厅。这样的安排，有平衡宦官与边将权势的考量。他还借鉴边将豢养军事家丁的惯例，收许泰、江彬、张洪、神周、刘晖等边将为义子。

为了尽早实现驰骋沙场的夙愿，厚照时常身穿戎装，督率边将在豹房的内校场练兵。许泰、江彬等人指挥边军演习营阵，比试骑射，角抵对抗。厚照也不甘寂寞，亲自率领一支由阉人组成的军队参与训练。这些阉人已经追随厚照训练多年，大都擅长骑射。据《明武宗实录》，厚照率军朝夕操练，军士的呼

---

[1]《明武宗实录》卷94，正德七年十一月丁亥。

[2] 高岱：《鸿猷录》卷14。

[3]《明武宗实录》卷95，正德七年十二月丁卯。

喊声，铳炮的轰鸣声不绝于耳，响彻云霄。[1] 此外，杨廷和也在奏疏中提到，厚照为了抵御蒙古大军的侵扰，拣选人马，亲自校阅。[2]

练兵并非一日之功，这里暂且不表。且说边军入京后，朝廷的权力格局发生了明显变化——边将作为一个新群体，强势崛起。不过，他们的权力不但没有相应的制度基础，而且与明中叶以来重文轻武的政治文化格格不入。实际上，这些边将与宦官类似，只是依靠皇帝的宠幸才得以在京师叱咤风云。

边将群体中最为得势的人物是江彬，他通常被看作可以与刘瑾相提并论的权臣。江彬进入权力核心具有很强的戏剧性。最初，他不过是宣府镇蔚州卫的一名指挥使。刘宠、刘宸率领叛军纵横山东、北直隶之际，他作为游击将军跟随总兵官张俊进入内地平叛。从最初的官职看，他无法与后来同样入京的边将许泰、刘晖相比，许、刘二人当时皆为副总兵。

后世享有较高声誉的明代史家郑晓在《吾学编》中说，江彬英勇善战，颇有军功。[3] 这与通常对江彬痛加贬斥的明代史籍相比，实属难能可贵。我个人倾向于认为，郑晓所写值得信赖。然而，即便如此，江彬的战功也无法与刘晖相比。刘晖不但在山东藤县击败了声势正盛的叛军，在登莱海套决战中建立功勋，而且指挥边军在狼山之战中剿灭刘宸、齐彦名等人。

---

[1] 《明武宗实录》卷134，正德十一年二月壬申；高岱：《鸿猷录》卷14。

[2] 杨廷和：《杨文忠三录》卷1。

[3] 郑晓：《吾学编·异姓诸侯传》卷下。

看起来并不十分出众的江彬，还险些被提督陆完处死。据日后在诏狱看守陆完的狱卒转述，江彬当年率众行军，迷失道路，按军法当斩。不过，陆完看到他身材魁梧，相貌堂堂，一挂美髯飘洒胸前，心中认定此人不可轻杀，便赦免了他的罪过。[1]

江彬虽然相貌英武，但他为人凶恶、阴险。同时，他又有机警，善于揣摩、迎合他人的一面。跟随边军进京后，他敏锐地发现，要想得到皇帝的宠爱，就必须获得一个人的引荐。

这个人就是钱宁。钱宁本不姓钱，没人知道他的身世。可以确定的是，他是云南临安府人。明人沈德符从他的婶子姓也，为当地夷人推断，他多半也是夷人。[2]

这个夷人在少年时被云南镇守太监钱能收为养子，从此他开始冒用钱姓。钱宁机敏过人，深得钱能喜爱。钱能离开云南时，便将他带回京城。钱能死后，他虽然以钱能家人的身份获得锦衣卫百户的职位，但失去靠山的钱宁只能依靠自己爬向权力的高峰。

他听闻皇帝尚武，便打通马永成的门路，得以在御前一显身手。厚照见他不但可以左右开弓，而且握槊、走马、手搏无所不能，十分喜爱，赐国姓，收为义子。不久，又晋升他为指挥使，掌管锦衣卫。[3]

---

[1] 罗虞臣：《罗司勋集》文集卷1。

[2] 沈德符：《万历野获编》卷15。

[3] 王世贞：《锦衣志》不分卷；《明武宗实录》卷180，正德十四年十一月丁巳。

钱宁赢得皇帝宠幸，可能还有一个原因。据说，此人柔媚入骨，还时常精心打扮，有人妖、服妖之称。[1]据《见闻杂记》，钱宁会在六月初六这天，洗晒各色红绿衣服。他的这些红绿衣服，需要十六个裁缝，拆洗半个月。[2]

由于时常在御前侍奉，又深得皇帝信任，钱宁成为炙手可热的权臣。得势后，他并未嫉贤妒能，陆续向厚照推荐乐师臧贤、色目人于永等具备特殊技能的各色人物。[3]

与其他边将相比，江彬的过人之处在于他很快摸清了进身之阶。他贿赂钱宁，并通过钱宁的引荐，得到了侍奉皇帝左右的机会。出乎钱宁意料的是，江彬与他引荐的其他人不同：这个人不但没有报恩之心，还想取钱宁而代之。

钱宁眼见江彬在皇帝面前大谈军事，日益受宠，愤愤不平。于是，他与江彬之间的权力之争逐渐从暗斗变成了明争。不过，当时钱宁还不知道，这将是一场以性命为赌注的恶斗。

胜利的天平开始向江彬倾斜，始于一场搏虎游戏。

厚照在豹房中豢养着大量猛兽，其中包括老虎。为了锻炼身手，又或许只是为了寻求刺激，他时常与猛虎搏斗。[4]

关于搏虎的细节，文献资料匮乏。幸而《虎荟》与《七修类稿》记载了两个善于搏虎的明人。一个是南直隶丹徒县的周

---

[1] 王世贞：《锦衣志》不分卷。

[2] 李诩：《戒庵老人漫笔》卷1。

[3] 陈洪谟：《继世纪闻》卷5；王世贞：《弇山堂别集》卷100。

[4] 高岱：《鸿猷录》卷14。

锦,他全身体无完肤,一生搏杀猛虎三十余只;另一个是山西的无名氏,他搏虎时往往携带弓箭。[1] 从这些简要的记载中,可以得出两点印象。第一,搏虎可以使用武器。第二,搏虎以杀死老虎为终极目标。

由于史料限制,我不知道厚照搏虎时是否使用武器,是否穿有特制铠甲,也不知道老虎身上是否锁有铁链,又或者是否做过拔牙、剪爪等处理。可以确定的是,厚照玩的这个游戏非常危险。据《明武宗实录》,他曾经被猛虎所伤,整整一个月不能视朝。[2]

一日,厚照下场搏虎。或许当天豢养的老虎看起来有些倦怠,他临时起意,命钱宁引逗老虎。钱宁畏缩不前,厚照出言讥讽:"谁说你勇敢来着!"江彬见状,连忙趋近,设法使老虎发起性来。厚照疾步向前,开始搏虎。不料,这只老虎十分凶猛,厚照疲于招架。突然,老虎咆哮一声,猛扑过来。眼见皇帝即将被虎所伤,江彬奋力前冲,推开猛虎,厚照这才逃过一劫。厚照虽然心中感激,但兀自嘴硬,他对江彬说:"我自己就能应付,哪里用你多事。"自此之后,钱宁在皇帝面前说江彬坏话时,厚照虽然默然不应,却对钱宁渐生厌憎之心。[3]

为了巩固自己的地位,江彬在进献女色方面,也另辟蹊径。他将一位美艳女子进献给厚照。这名女子的特别之处在于,

---

[1] 郎瑛:《七修类稿》卷44;陈继儒:《虎荟》卷6。

[2] 《明武宗实录》卷116,正德九年九月庚午。

[3] 傅维鳞:《明书》卷155。

她出身武官世家，擅长骑射，同时又通晓蒙古语，擅长蒙古音乐（大概是会唱蒙古民歌）。她的这些特征，对于酷爱骑射，语言天赋颇高，又精通音乐的厚照来讲，具有极强的吸引力。

这名女子的特别之处还在于，她是有夫之妇，并怀有身孕。如果说有夫之妇，对于不甚注重纲常伦理的厚照而言不会造成什么障碍，那么怀有身孕呢？难道厚照偏爱肚子凸出的孕妇吗？我认为，合理的解释是，当时这名女子怀孕不久，同时她还是那种有娠数月仍不显怀的类型。

江彬又是如何识得这位女子的呢？原来这名女子姓马，她的兄长是曾经出任延绥总兵的马昂。由于多次遭到弹劾，马昂在寘鐇叛乱时被免职。[1] 为了谋求重掌军政的机会，他有意通过太监张忠将他的妹妹进献给皇帝。而张忠与钱宁有过节，眼见江彬日益受宠，便联合江彬对付钱宁。据此推断，江彬是从张忠那里得知这名女子的。

据《明世宗实录》，为了进献这名女子，还上演了类似抢亲的戏码。太监许全与马昂的兄弟马炅等人闯入指挥毕春的家中，强行带走了他的妻子马氏。[2]

马氏在正德十一年（1516）二月，被献入豹房。于是，她成了除一后二妃之外，厚照的女人中第一个留下姓氏的人。

所谓爱屋及乌，厚照晋封马昂为右都督，马氏一族，无论大小，皆被赐予蟒衣，以示荣耀，马昂的兄弟马炅等人还得以

---

[1]《明武宗实录》卷62，正德五年四月丙午。
[2]《明世宗实录》卷12，嘉靖元年三月癸酉。

侍奉在皇帝左右。

由于厚照始终未曾孕育子嗣，怀有身孕的马氏得宠后，引起了轩然大波。南京给事中殷云霄等人甚至在奏疏中提及吕不韦、黄歇进献有娠女子的典故，以此警示皇帝，马氏可能会引发皇位继承问题。厚照不为所动。[1]

马氏被疏远是当年九月的事。据《明武宗实录》，厚照将京师太平仓东侧的一处宅第赐予马昂，马昂举家迁至京师。本月，厚照到马府饮宴。酒后，厚照欲宠幸马昂的爱妾，马昂不许。厚照大怒，从此疏远马氏。然而，《明世宗实录》又说，马昂曾将爱妾杜氏进献给皇帝。[2] 在我看来，马氏被疏远与马昂是否进献爱妾无关。其主要原因在于，此时马氏有娠至少已在八个月以上，行动不便，魅力大减。更何况马氏的孩子一旦出生，究竟应该如何处置也是个难题。因此，厚照在此时疏远马氏，十分容易理解。

马氏留下的美好回忆，使厚照对北方边疆女子产生了浓厚的兴趣。这在一定程度上促使他决心尽快出师北征。此外，江彬投皇帝所好，反复鼓动也对厚照北征产生了一定的影响。

当然，最主要的原因还是来自达延汗的威胁。达延汗在征服右翼三万户之后，开始大举进犯明朝。正德八年（1513）三

---

[1]《明武宗实录》卷134，正德十一年二月庚午；同书卷137，正德十一年五月甲申；同书卷141，正德十一年九月丙午。

[2]《明武宗实录》卷141，正德十一年九月丙午；《明世宗实录》卷12，嘉靖元年三月癸酉。

月十七日，达延汗率领大军自灭胡墩等地杀入，攻朔州，围马邑，沿途杀掳百姓，劫掠牲畜不计其数。五月四日，达延汗又分兵九路，每路多则一万至三万，少则一百至五百。这九路大军分别从靖虏墩、镇虏墩、沙河堡、灭胡墩、沙沟墩、怀远墩等地杀入。他们在石佛寺堡、安边堡等地大掠七日，如入无人之境，先后杀掳军民三千余人，劫掠牲畜数以万计。大军过后，数百里之内，烟火荡然。兵部官员认为，这是数十年来被蒙古大军杀掳最惨的一次。[1]

正德十二年（1517），七万蒙古大军再次大举进犯。在继续叙述之前，需要讲一下达延汗的卒年。

达延汗虽然威名显赫，但关于他的卒年蒙文史料的记载存在差异。著名学者和田清、乌兰、宝音德力根都曾撰文讨论这个问题，但他们的观点也不尽相同。简单说，上述学者的论文都不能说服我接受他们的观点。

在《蒙古黄金史》《阿拉坦汗传》和《蒙古源流》三部著名的蒙文史料中，只有《阿拉坦汗传》明确记载了达延汗过世的年份，即红牛年，也就是正德十二年（1517）。[2]与此同时，《蒙古黄金史》与《阿拉坦汗传》都认为，达延汗7岁即位，享年44岁。然而，据《蒙古黄金史》，达延汗在猪儿年（己

---

［1］《明武宗实录》卷117，正德九年十月辛亥。

［2］佚名著，珠荣嘎译：《阿拉坦汗传》，内蒙古大学出版社，2014年，第24页。

亥，成化十五年，1479) 即位，[1] 据此推算，他卒于正德十一年 (1516)。这样，他就成功避开了与厚照展开对决的应州之战。

然而，《明宪宗实录》在记述明军趁满都鲁汗归天奔袭威宁海子后，直到成化十七年（1481）才首次出现用来指代蒙古可汗的称谓——小王子。[2] 也就是说，汉文史料与蒙文史料在达延汗即位时间上不能相互印证。与此相反，《阿拉坦汗传》记载的达延汗卒年却可以与汉文史料相互印证。据叶向高的《北虏考》，达延汗死于正德十二年（1517）。此外，他还将达延汗的死亡时间记在应州之战结束后。[3]

根据上述情况，我认为《阿拉坦汗传》直接记述的达延汗逝世年份，比根据《蒙古黄金史》所载达延汗即位年份推算出来的结论更为可信。

再说正德十二年（1517）二月左右，达延汗率领七万大军南下。他先在贾家湾打败宣府总兵潘浩率领的明军主力，又在鸡鸣山击溃指挥张楫。蒙军的前哨部队一度进抵保定燕尾河一带。潘浩等人只得率军退守保安州等地。此时，达延汗突然率领主力进犯万全都司的治所宣府城，其先头部队一度迫近宣府教场的演武厅。在宣府巡抚王纯开城迎敌之后，蒙古大军又主动向鸡鸣山退却。潘浩闻讯，乘势追击，却再度被达延汗击溃。

---

[1] 佚名著，朱风、贾敬颜译：《蒙古黄金史》，内蒙古大学出版社，2014年，第57页。
[2] 《明宪宗实录》卷215，成化十七年五月己亥。
[3] 叶向高：《苍霞草》卷20。

于是，蒙古大军从容退出边外。这次战役，达延汗攻破城寨二十处，杀掳3749人，劫掠牲畜23500余头。[1]

这是一次比正德八年（1513）还惨痛的失败。厚照忍无可忍，决心御驾亲征。诡异的是，他没有公开宣布这个决定，也没有颁布义正词严的讨伐檄文。这或许是因为他此刻不想听文官群体的饶舌、聒噪。

他也没有贸然出击，而是先默默做起了准备工作。他下令户部务必设法使宣府、大同两镇粮草足够主兵、客兵使用四五年之久。他还调辽东参将萧滓率军前往宣府策应。[2]

厚照虽然不曾明言，但他打算亲征的意图并非不易察觉。不久，皇帝将要跨越居庸关，远赴宣府、大同的消息不胫而走。巡视居庸关的监察御史张钦上疏谏阻。他写道，陛下北上想必是为了抵御蒙古；然而，此事只可命将出征，不必御驾亲往。他还举出西汉白登之围，本朝英宗北狩的历史典故，劝阻皇帝不可轻身犯险。[3]

厚照准备多年的北征，不可能因为张钦的谏阻废止。正德十二年（1517）八月初一清晨，他微服而行，自德胜门离开京城前往昌平。皇帝走了大半天，内阁大臣才听到皇帝悄然离京的传言。此时首辅杨廷和为父守制，尚未返京，梁储、蒋冕、毛纪一时不知所措。追？几个五六十岁的老臣，追着一个二十

[1]《明武宗实录》卷146，正德十二年二月庚戌。

[2]《明武宗实录》卷151，正德十二年七月辛巳、丁酉。

[3]《明武宗实录》卷151，正德十二年七月癸巳。

几岁的皇帝到处乱跑，成何体统！不追？皇帝微服出行，大臣却安坐阁中，万一圣上有个闪失，着实吃罪不起。最终，他们决定在第二天象征性地追到沙河，再呈一份进谏奏疏了事。

巡关御史张钦闻讯又一次直言极谏。他写道，如果皇帝想要御驾亲征，那就应该召集大臣共议可否；如果势不得已，必须亲征，那也要颁布诏书，昭告天下；出征时，还要戒期清道，百官随行。为了事先给阻拦皇帝做出合理的解释，他还强调，如今陛下微服潜行，给守关官员制造了不小的难题；万一有奸恶之徒冒充皇帝，蒙混过关，勾引蒙古大军危害社稷，守关官员将追悔莫及。他最终表明了自己的立场，为了万无一失，只能一概不放。他斩钉截铁地说："微臣的职责就是守关，就算陛下想要出关，微臣也万死不敢奉诏。"[1]

张钦前后进呈过三份奏疏，厚照都未予理睬。他当时没有想到这个御史，竟然能够说到做到。

八月初六，厚照派人来到两山之间的居庸关南口传报，说皇帝有紧急事务，需要出关。不料，张钦闻言立刻命令指挥孙玺锁闭关门。分守太监刘嵩见势不妙，急欲撇清关系。他以赴昌平觐见皇帝为名，打算离开居庸关。张钦严词拒绝，他告诉刘嵩，今天你我摊上的就是个掉脑袋的事儿；不开关，违抗圣命，当死；开关放行，万一皇帝有个闪失，还是难逃一死。两害相权，我宁可抗命而死。

厚照得知张钦不肯开关后，便命人召见指挥孙玺。这难免

---

[1]《明武宗实录》卷152，正德十二年八月甲辰。

不让人怀疑，皇帝想趁孙玺出关见驾之机，强行闯关。孙玺在张钦的感染下，拒绝出关。他对使者说："御史守关，在下不敢擅离职守。"厚照又派人召见太监刘嵩。刘嵩早想暂离这个是非之地，他对张钦说："我不过是皇上的一个家奴，皇上召我，我可不敢不去。"谁知张钦不为所动，禁止刘嵩出关。

为了表明誓不开关的决心，张钦带上皇帝赐予的敕书、官印，手持利刃站在关门之下，扬言："谁敢擅开关门，我就亲手杀了他。"[1]

厚照本可以强行闯关，他知道真的敢于抗命的至多不过张钦、孙玺等寥寥数人。然而，他没有这样做。因为他也知道，那样会逼得张钦自尽身亡。于是，他放过人心惶惶的居庸关将士，默默返回京师。时人王琼认为厚照临关回銮是成张钦之美的盛事。[2]

一晃二十多天过去了，就在许多人以为皇帝已经回心转意的时候，他又悄然微服来到居庸关附近的村落，在放羊百姓家借宿一晚。第二天清晨，他混入行商、旅人之中进入居庸关。站在南口、北口之间的关沟上，他颇为得意，望着关沟两侧的翠屏山和金柜山，他或许会想起，他的祖先明成祖、明宣宗都曾穿过这道关沟，率军北上。他本想把张钦找来奚落一番，一问之下，才知道张御史巡视白羊口去了，不在关内。[3]

---

[1] 何乔远:《名山藏》卷71。

[2] 万表:《皇明经济文录》卷34。

[3] 何乔远:《名山藏》卷71。

八月二十八日，厚照换上戎装，带着太监张永、魏彬、张忠，边将江彬等人，率军北上。

他留下太监谷大用镇守居庸关，命他效法张钦，无论多少官员追到此处，也无论是谁，一概不得放行。[1]

这是一个错误的选择。因为厚照没有随军的御用文人，想要追到边塞，参与亲征的梁储、蒋冕、毛纪等人，又被谷大用阻隔在居庸关之外。[2] 再加上他有意矫正明中叶以来重文轻武的风气，本就开罪了不少士大夫。这些因素导致即将打响的应州之战，最终没有文臣详述始末，歌功颂德。

应州大战是明蒙双方在大同镇进行的一场历时数日的鏖战。据《明武宗实录》，蒙古方面投入战斗的兵力多达五万人。厚照动用了宣府、大同、延绥以及辽东四镇的人马。[3] 虽然他自称率少击多，[4] 但我估计参战明军的总兵力与蒙古大军相差无几。

《蒙古黄金史》《阿拉坦汗传》《蒙古源流》等现存蒙文史料对这场与明朝皇帝的大规模对决，没有留下任何记载。这恐怕是蒙古方面没有在这次战争中讨得便宜的缘故。

汉文史料除了《明武宗实录》之外，仅有零星的简略记载。这些零星的记载不是摘自《实录》，就是道听途说，几乎

---

［1］《明武宗实录》卷152，正德十二年八月辛未。
［2］《明武宗实录》卷154，正德十二年十月乙巳。
［3］《明武宗实录》卷154，正德十二年十月丁未。
［4］《明武宗实录》卷164，正德十三年七月己亥。

没有与《实录》所载相互印证的价值。因此，下面的叙述主要依据《明武宗实录》提供的线索。

在讲述这场大战之前，先要说一下蒙古大军的主帅。如前文所述，此时达延汗44岁，仍然在世。同时，厚照在九月初一到达宣府，二十多天后蒙古大军才发动进攻。期间蒙古细作很容易通过伞盖、仪仗等御用物品以及相关传闻获得皇帝巡边的消息。梁储等人的奏疏也明确提到，蒙古人已经觇知圣驾在外。[1] 虽然《明武宗实录》没有提及蒙古主帅的名字，我仍然认为，敢于率领五万大军挑战明朝皇帝的理应是达延汗。

梁储等人在同一份奏疏中还提到，蒙古大军在阳和附近游动。同时，据《明武宗实录》，九月十九日，厚照驻跸阳和。[2] 由此可知，厚照到达宣府后，密切关注着蒙古大军动向。当他发现，蒙古大军已经逼近阳和后，立刻率军驰援。

实际上，明朝官员对于达延汗的活动轨迹早有总结。他们发现，达延汗每年冬季率领部众进入河套，第二年开春又率众途经大同向东迁徙。[3] 这应该与蒙古人的游牧经济有关。换句话说，他们将河套地区作为他们的冬季牧场。长期准备北征的厚照对此理应有所耳闻。这也就是为什么他要在九月抵达毗邻大同的宣府镇。

有了在叛军逼近京师时指挥作战的经验，厚照很容易进入

---

[1]《明武宗实录》卷154，正德十二年十月丁未。

[2]《明武宗实录》卷153，正德十二年九月壬辰。

[3]《明孝宗实录》卷169，弘治十三年十二月癸未。

总督军务的角色。他开始自称威武大将军，并在调发兵马钱粮时使用总督军务威武大将军的名义而不是皇帝的身份。[1]

面对来势汹汹的达延汗，厚照从容不迫地指挥防御。他在大同镇境内的长城沿线构筑了一道军事防线。这道防线又可以分为东、中、西三路。其中东路防线由厚照驻跸的阳和以及阳和以东60里的天城构成。他调用宣府副总兵陶杰，参将杨玉以及延绥参将杭雄各率本镇兵马驰援阳和；他又调来宣府游击时春率军协防天城。中路由大同镇城与聚落堡构成，他命令大同总兵王勋、副总兵张輗、游击陈钰等人率领本镇人马驻守大同，居中策应；又命令此前已调到大同的辽东参将萧滓驻守聚落堡。西路防线，由距离河套较近的平虏、威远构成。他调来延绥镇的兵马负责这里的防守，其中副总兵朱銮驻守平虏，游击周政协防威远。

阳和城下的剑拔弩张，并没有持续很久。达延汗见阳和守备森严，便率军沿长城外线向河套方向行进。行至玉林卫附近时，他敏锐地发现，西路防线相对薄弱，便于九月二十五日，率领大军从这里杀入境内。

不知是厚照事先安排的诱敌深入之计，还是因为西路将领较为怯懦，朱銮、周政并未迎战，只是尾随在蒙古大军后面。

厚照得到达延汗入境的消息后，发布了两道命令。一是派遣驻守天城、聚落堡的时春、萧滓率军驰援，二是增调宣府总兵朱振等人率军进驻阳和待命。

---

[1]《明武宗实录》卷153，正德十二年九月癸巳。

十月初二，当达延汗率军途经绣女村时，他们才遭到真正的抵抗。总兵王勋等人率领大同镇兵马向蒙古大军发动进攻，双方接战未久，达延汗即率军南下，直扑此次入境最大的劫掠目标应州。

　　应州是古来著名的军事要塞，位于龙首山与雁门山之间，地势险要。当达延汗率军跨过桑干河，行至应州城北的五里寨时（十月三日），王勋率领大同官军追了上来。达延汗调转马头，率军围攻明军。战至日落西山，突来的大雾迫使达延汗解除包围，王勋趁机率军进入应州城。不久，一直尾随蒙古大军的朱銮也在大雾的掩护下悄然入城。

　　第二天，王勋、朱銮等人开城出击，他们对在涧子村劫掠的蒙古大军发动进攻。不久，时春、萧滓、周政等人率援军赶到。达延汗分兵迎敌，两支明军无法会合。

　　恰在此时，厚照率领阳和城中的各路人马冲杀过来，明军气势大振，拼死搏杀。黄昏时分，达延汗眼见无法继续分割包围，只得集中人马，收兵扎营。三支明军也乘势兵合一处，安营扎寨。

　　十月初五早上，达延汗主动发动进攻，厚照率军迎敌。双方将士拼尽全力，舍命搏杀，战斗一直持续到天色昏黑。达延汗眼见无法取胜，便主动撤退，厚照率军追击。追至平虏、朔州等地时，突然狂风暴起，黑雾遮天，厚照见蒙古大军已经出边，明军又十分疲惫，便下令收兵。

　　由于史料匮乏，应州之战留下了许多待解之谜。首先，达延汗的死是否与这次战役有关。其次，据《明武宗实录》，这是一场明军与五万蒙古大军搏杀数日，明朝皇帝差点搭上性命的战斗。然而，《明武宗实录》所载应州之战明蒙双方的阵亡人数共计68人（而厚照即位不久的虞台岭之战明军一方的死亡人数就多达2165人）。其中蒙古16人，明朝52人。[1] 这个数字是否可信？如果可信，那么蒙古每死一个人，明军就至少要搭上三条性命。既然如此，达延汗为何要撤军？厚照为何安然无恙？同时，如果明军仅斩获16级，那么梁储为什么要在奏疏中说"擒斩数多"，[2] 究竟是谁在说谎？其三，兵科都给事中汪玄锡宣称应州之战，蒙古大军杀掳人民难以计数。[3] 但所谓难以计数究竟是多少，却根本找不到具体数字。这是言官有意抹黑，还是真实数字被刻意隐瞒了？

无论如何，从《明武宗实录》描述的战争过程看，胜利属于朱厚照。叶向高在《北房考》中还说，经此一战，蒙古部众虽然仍不时犯边，但大举深入则十分罕见。[4]

这大概是厚照一生中最为得意的时光。一年后，他踏着明成祖的足迹，来到应州佛宫寺木塔。该塔五层六檐，就在第五层塔檐下有一块当年朱棣北征时留下的匾额，上写"峻极神功"四个大字。他一时兴起，写下"天下奇观"四字，这幅墨宝，后来被制成匾额悬挂在第四层塔檐下，留存至今。

---

[1]《明武宗实录》卷154，正德十二年十月丁未。

[2]《明武宗实录》卷154，正德十二年十月丙寅。

[3]《明武宗实录》卷158，正德十三年正月壬戌。

[4] 叶向高：《苍霞草》卷20。

他还谱写过一曲在南京教坊司流传甚广的《杀边乐》，大概就是以应州之战为素材写成的。据《戒庵老人漫笔》，此曲由笙笛、锣鼓等乐器共同演奏，声音洪亮、爽利，颇为喜庆。[1]

对于自己的凯旋仪式，他也别出心裁。他事先传旨，圣驾到京之日，百官不许穿常朝冠服迎驾。他还赐予群臣大红纻丝罗纱，命他们赶制内庭侍卫穿的戎装曳撒。

正德十三年（1518）正月初六，群臣按照皇帝的要求在德胜门外布置了数十座彩色帐篷，上千条彩联迎风飘舞。杨廷和等大臣也按照皇帝的安排，身着大红曳撒，头戴大帽，身披鸾带列队迎接。

群臣左等右等，一直盼到晚上，才望到厚照率军回京。只见军中火球四起，矛戈之间，烟气冲天。群臣借着火光远远看到骑在赤色战马上，腰带佩剑的皇帝，连忙伏在道旁，叩首恭迎。

意气风发的厚照翻身下马，杨廷和等四名内阁大臣将皇帝迎入御帐。杨廷和捧起特制酒杯，梁储倒入庆功美酒，蒋冕、毛纪献上果盘、金花。厚照十分得意，接过酒杯，一饮而尽。[2]

入城之后，厚照将在应州等处缴获的蒙古器械等战利品陈列在奉天门下，供文武大臣观赏。为了庆贺应州之战的胜利，他还在文华殿前赐给群臣赏功银牌和彩色绸缎。

很快，不和谐的声音就出现了。兵科给事中汪玄锡等人痛

---

[1] 李诩：《戒庵老人漫笔》卷1。
[2]《明武宗实录》卷158，正德十三年正月丙午。

陈应州之战折损颇多，得不偿失，不值得庆贺。他们还表示不忍心接受以应州之战的名义颁发的赏赐。

厚照不会知道并未随驾北征的汪玄锡等人根据什么说应州之战得不偿失，又或许他根本没有看过他们的奏疏。无论如何，他并未对此做出回应。[1]

他正沉浸在威武大将军这个虚拟的角色里，这个角色还有个名字叫朱寿。他真想就变成这个朱寿，驰骋沙场，扬威塞外。慢慢地，他产生了巡边的想法。

正德十三年（1518）五月，厚照率领四千官军，出京师，经密云，转而向东，直抵长城沿线的著名关隘喜峰口。在此期间，他曾到古北口打猎，在滦河钓鱼，还曾派人出边招引兀良哈三卫到近边贸易。[2]

正德十三年（1518）七月，他再次跨过居庸关，率军巡边。他一路经过怀来、保安等地，于当月十日抵达宣府。八月，他继续西行，由怀安、天城、阳和，进入大同。九月，他重新出发，抵达偏头关。十月，他率军渡过黄河，来到榆林镇。两个月后，他才率军东返。

据《明武宗实录》，厚照这次巡边，往返数千里，历尽艰难险阻。随行人员有的病倒了，有的疲惫不堪，他却精神抖擞，骑马挎弓，迎风冒雪，乐此不疲。[3]

---

[1]《明武宗实录》卷158，正德十三年正月壬戌。

[2]《明武宗实录》卷162，正德十三年五月癸卯、丙午、壬戌。

[3]《明武宗实录》卷170，正德十四年正月壬子。

第八章　率军南巡与宸濠之乱

正德十四年（1519）正月初七，[1] 自称威武大将军的厚照在众多将士的簇拥下，缓缓向京师行进。他知道杨廷和已经率领百官候在德胜门外，却无意入城。他率军进入外校场，一边在演武厅上检阅巡边带回的战利品，一边派太监张锐骑马奔至杨廷和处。

张锐进入杨廷和所在帐幕，要求他撰写奖励威武大将军的诏书。他还转告杨廷和、梁储等内阁大臣："圣上说等拟好旨意，才肯入城。"杨廷和断然拒绝，他辩称巡边之功，功在皇帝，而臣子不敢奖励皇帝。又说，如果威武大将军不是皇帝，那他是谁？张锐顿时语塞，拂袖而去。

厚照见张锐办事不力，颇为不满，命他再去传达口谕。当张锐又一次被拒绝后，厚照大怒。他认为张锐不能准确转达自己的意思，便命宠臣钱宁与张锐一同前往。

良久，钱宁、张锐二人失意而归。张锐禀告，他对杨廷和说无论如何也要立刻草拟旨意，甚至向对方哭诉，但都不起作用。钱宁奏报，他告诉杨廷和圣上驻跸校场，坐等这道旨意，马上草拟，多说无益；但杨廷和执拗不从，说什么这样拟旨不

---

[1]　杨廷和：《杨文忠三录》卷3。

成体统，真要是写了，会被天下人耻笑。他还告诉我们可以直言不讳地将他的话禀告圣上，用不着为他回护，这件事他绝不会改变主意。

杨廷和拒绝草拟奖励威武大将军的诏书，令厚照大失所望。不过，这已经不是他第一次被拒绝了。他早已懂得皇帝并不能事事如意的道理。为了即将实施的重要计划，他决定暂时妥协。

申时，厚照率军入城。[1] 当晚，他回到了太液池边的豹房，然而，那些担心皇帝会再次巡游的大小官员并未放松警惕。他们时刻关注着皇帝的动向。不久，皇帝拒绝杨廷和等大臣缴还居守敕书，将不时巡狩的消息就开始传播。随后，皇帝要率军前往山东、江南等地的传闻甚嚣尘上。

无论是当时的大臣，还是后世的历史学家，通常认为朱厚照南巡，是为了到江南地区游玩、享乐。

这样的观点看似不容置疑。因为厚照生性贪玩，无论走到哪里，他都不可能拒绝观光、娱乐。

可令人费解的是，在长达一年有余的南巡中，厚照始终未曾涉足苏州、杭州、黄山、普陀山、西湖、太湖等最为著名的游览胜地。这不禁令人生疑。既然说他是为了游乐而来，但为什么费尽周折地到了南方却不尽兴游览呢？这个疑问使厚照为游乐而南巡的假设不能令人满意。

---

[1]《明武宗实录》卷171，正德十四年二月壬申；杨廷和:《视草余录》卷3。

现在，让我们来看一下朱厚照自己的说法。据《明武宗实录》，二月二十五日，他在宣布南巡之前先给自己的分身——威武大将军朱寿加上了太师的头衔。接着他颁布圣旨，命令这个虚拟人物总督军务，前往南北两直隶、山东泰安州等处，敬献香帛，为民祈福。[1]

所谓为民祈福不过是蹩脚的障眼法，无须多辩。因此，我将分析的重点放在总督军务上。从这个角度看，至少在朱厚照心中，由威武大将军总督军务的这次南巡实际上是一次军事行动。

如果南巡的确是一次计划中的军事行动，那么这次行动针对的是何方神圣呢？

三月十八日，厚照下达的揭帖提供了重要线索。这份揭帖命令杨廷和等人撰写前往凤阳祖陵、皇陵、南京孝陵以及各王府祖坟行礼的祝文和仪注。谙熟皇帝性情的老臣杨廷和闻命后回奏："窃疑皇上仍未打消南巡念头。"[2]

通过杨廷和的回奏，可以看出厚照的揭帖与南巡有关。在我看来，揭帖所谓祭拜凤阳祖陵、皇陵和南京孝陵都是烟幕弹，去南方王府的祖坟上行礼才是计划中的重头戏。

皇帝要千里迢迢，跑到藩王祖坟上行礼？这简直是千古奇闻。然而，稍加思索，就可以明白，这不过是厚照的权宜之辞。

因为藩王朝见皇帝天经地义，岂有天子造访藩王的道理？

---

［1］《明武宗实录》卷171，正德十四年二月己丑。

［2］《明武宗实录》卷172，正德十四年三月辛亥。

所以，厚照不得已想出了去藩王祖坟行礼的诡异借口。当然，拜坟是假，军事威慑，甚至临时采取非常措施才是真实目的。

通观当时的政治形势，能够让厚照兴师动众的藩王唯有朱宸濠。

朱宸濠，时年44岁，是一位志大才疏，狡诈、阴狠的野心家。他的身世算不得光彩。其母冯针儿早年沦落风尘，后得宁康王朱觐锡宠幸，被纳为小妾。照理，作为庶子的朱宸濠继承王位的机会十分渺茫。岂料朱觐锡至死未有嫡子，朱宸濠侥幸承袭王位。

然而，他并未喜出望外，他不甘心只做一个藩王。因为他豢养的术士李自然等人说他骨相清奇，当为天子。而行为放荡、物议沸腾的当今皇帝，更是激发了他取而代之的强烈愿望。

朱宸濠觊觎皇位，却不具备当年燕王朱棣起兵靖难时的军事实力。他的高祖宁献王朱权虽然一度手握重兵，驻守大宁。然而，靖难之役中，朱权被其兄燕王朱棣夺去兵权。朱棣登基后，朱权的封地被改为南昌。由于永乐以来，朝廷持续推行削藩政策，宁王府的实力大不如前。景泰七年（1456），景帝朱祁钰借故革除宁靖王朱奠培的护卫，改为南昌左卫。就这样，宁王府的军事武装被彻底解除了。

朱宸濠面对不利局面，并未气馁。关于他密谋造反的诸多细节，从逆内官刘吉在日后的供词中有详尽交代。这份供词以《分别情罪轻重疏》为名保留在《皇明疏议辑略》中。

根据这份供词，朱宸濠为了图谋皇位，启灵于风水。他在南昌城东南，据说有天子气穴的地方建造阳春书院，僭称离宫，时常前往书院游乐，期望天子气穴的吉兆能够应验到自己身上。他还将其母冯针儿葬在西山青岚的所谓龙口旧穴，这同样是为了得到神秘风水的加持。

他还将恢复护卫，重新拥有一定的军事武装，作为图谋不轨的重要手段。他先是勾结刘瑾，于正德二年（1507）达成了目的。不料，刘瑾失败后，护卫再次被革。万般无奈之下，他想到了早年在宁王府教授弹唱的教坊司乐工晋良。晋良与皇帝的宠臣臧贤过从甚密，朱宸濠利用他与臧贤搭上关系，并通过臧贤重金贿赂钱宁、张锐、陆完等当朝权贵。在诸多权贵的帮助下，他在正德九年（1514）又一次成功恢复了护卫。

重新获得军事武装之后，朱宸濠想尽办法筹集举事经费。他招纳投献（侵夺国家赋役的一种方式），强占官湖，贩卖私盐，法外盘剥，垄断贸易，非法借贷，甚至拦路抢劫，无所不用其极。同时，从宸濠集团贩卖胡椒、苏木等货物来看，他们与当时被称为倭寇的国际海商集团也有一定的联系。

羽翼渐丰的朱宸濠在地方上横行无忌，江西官员大多敢怒不敢言。正德九年（1514），江西按察副使胡世宁弹劾宁王。朱宸濠闻讯后连忙上疏狡辩，并派人赴京贿赂权贵，陷害胡世宁，最终令他蒙冤获罪。[1]

宸濠还多次谋害致仕大学士费宏。他因费宏反对恢复宁王府护卫而怀恨在心，派出爪牙在费宏致仕返乡的路上截住他，焚毁他乘坐的船只。费宏返乡后，他仍不肯善罢甘休，吩咐亡

---

[1]　张瀚辑：《皇明疏议辑略》卷32。

命之徒闯入费宏私宅，打砸破坏，无所不用其极。他甚至指使手下刺杀费宏的兄弟，刨挖费家的祖坟。[1]

就算是在职武官，他也胆敢杀害。正德十一年（1516），已经升任两广守备的都指挥戴宣，因拜见略迟，礼物不丰，被朱宸濠当场打死。朱宸濠还强占戴宣的财产，囚禁他的儿子，强行将他的女儿嫁给自己的姻亲为妾。

普通百姓的生命，朱宸濠更是不放在眼里。他曾因佃户抗拒加租，唆使凶徒残杀魏志英等二百余人，并将受害者的房屋焚毁殆尽。

厚照对朱宸濠意欲谋反早有耳闻。正德十二年（1517），宁王府的典宝阎顺、典膳陈宣及内使刘良见朱宸濠反相日露，惧怕日后被他牵连，便冒险劝说他不可谋逆，不料反被他猜忌。三人为求自保，逃离宁府，晓行夜宿，奔赴京师。他们向朝廷揭发朱宸濠擅杀良民，烧毁房屋，甚至计划凿池、造船，图谋不轨。厚照命令锦衣卫镇抚司办理此案。

朱宸濠闻讯后，百般毒打被阎顺等牵连的雷龙等人，又将所谓主谋周仪等六十余人残害致死。随后，他派遣内官刘吉赶到京师，重贿钱宁、张锐等人，试图脱罪并将阎顺等诬陷致死。

厚照从未将朱宸濠这位堂叔祖放在眼里，再加上钱宁、张锐等人的蒙蔽，他并没有追究朱宸濠的罪责，也没有像朱宸濠等人期待的那样处死阎顺等人，而是将他们发配南京孝陵卫充

---

[1]《明武宗实录》卷179，正德十四年十月甲申。

军。这或许是为数不多的能够让阎顺等人活命的处置方式。

逃过一劫的朱宸濠更加肆无忌惮。他招集凌十一等强贼悍匪，杨子桥等九姓渔户以及教英等江湖好汉作为同党；联络江西南部和福建汀州府、漳州府等地峒蛮，厚结广西土官、狼兵以备日后应援。他还购买战马，打造刀枪、盔甲，甚至制造葡萄牙人传来的西洋火器——佛郎机。

为了刺探朝廷动向，他还建立起一个庞大的侦查系统。他不但在京师安插人手搜集情报，而且在运河沿线城镇布置爪牙，假冒商人传递消息。如果遇到紧急情况，他可以启用埋伏在进京路线上的所谓健步、快马，这些人精于长跑或骑术，他们会在十一二日内将情报送到宁王府。总之，朱宸濠做好了随时起兵的准备。[1]

最初，厚照并没有认识到来自南方的危险。事情的转机与钱宁、江彬等人的权力斗争有关。北征期间，江彬的权势逐渐超越钱宁。部分与钱宁存在矛盾的宦官，试图趁机倾轧钱宁，而与朱宸濠结交成了最好的口实。

据《继世纪闻》，太监张忠曾对皇帝说："朱宁（即钱宁）与臧贤交通宁王，谋为不轨，爷爷还不知道吗！"书中虽然未写明年月，却留下了时间线索——江西巡抚孙燧等人表奏宁王孝行之际。据从逆罪犯刘吉等人的供词，孙燧等人表奏宁王朱宸濠孝行，事在正德十四年（1519）正月。同时，厚照在讨伐朱宸濠的诏书中提到"宁王宸濠""妄窥大位""积有年岁，流

---

[1] 张瀚辑：《皇明疏议辑略》卷32。

言日闻"。[1] 因此，我相信张忠告密或与之类似的事件，至迟在正德十四年（1519）二月左右就已经发生了。

无论如何，厚照试图通过南巡解决宁王的意图，并非不易察觉。朱宸濠谋反后，杨廷和在奏疏中指出，宸濠此前听闻皇帝有旨南巡，他必然心存疑惧。[2]

的确，随时准备造反的朱宸濠，对于皇帝突然要率军南巡不会毫无戒备。不过，他还是心存侥幸。他甚至设计了一个谋杀天子的计划。他派遣艺人秦荣等在王府大院张设勾栏，排演杂剧。他还派人在南直隶、两浙等地散布揭帖，广为宣传，暗中祈盼皇帝南巡时会自投罗网。据说，他还打算亲自乘坐快船，以迎驾为名突然在长江江面上接近皇船，然后发动埋伏在船上的甲士刺杀皇帝。[3]

可惜，反对南巡的文官群体不但扰乱了皇帝的计划，也打碎了宁王的如意算盘。

在文官群体心中，皇帝就应该安居宫中，做个一尘不染的圣贤。别说跑到南方闲逛，就算是去平息叛乱，那也是越俎代庖。需要说明的是，厚照未曾明言南巡是针对宁王的军事威慑，群臣的劝谏也有意无意地避开了这个话题。

反对的声浪从南巡还处在传闻阶段就已经开始了。率先发难的是杨廷和等内阁大臣，他们从以下四个方面展开论述。

[1]《明武宗实录》卷176，正德十四年七月丁巳。
[2]《明武宗实录》卷176，正德十四年七月甲辰。
[3] 张瀚辑：《皇明疏议辑略》卷32；张岳：《小山类稿》卷16。

首先，国家大政。近年来皇帝频繁巡游，无暇处理公务，又没有皇位继承人居守京师代劳。这导致国家大事长达数月得不到处置，从而引发了京官和地方官的恐慌情绪。幸亏皇帝及时回京，这才使人心安定下来。这种论述策略暗含着如下两层含义。第一层含义比较明显，即如果皇帝贸然南巡，不但会耽搁国家大政，而且会引发政治恐慌。第二层含义略嫌隐晦。但结合他们在后文中提出的"一应政务，责成相关衙门办理"，可知杨廷和等人对皇帝巡游期间无暇处理政务，又不肯放权颇有微词。

其次，人身安全。皇帝经年累月地外出巡游过于冒险，长期舟车劳顿也不利于身体健康。一旦出现意外，后果不堪设想。

其三，财政问题。江南地区是国家财政收入的重要来源，本就赋役沉重，再加上近年以来洪灾不断，当地无法供应皇帝率大军前往巡游所需的物资及费用。

其四，交通问题。运河是皇帝率军南巡的必经之路。同时，运河也是运送南方大木与漕粮的重要线路。目前，运河的部分河段河道窄浅，皇帝一旦南巡，北运的大木与漕粮势必为皇船让路，无法按时运到北京。这不但会影响工程营建，导致粮食危机，甚至可能会引发叛乱。

为此，他们提出了安定人心，消弭祸患的三条建议。第一，皇帝深居宫中，保养身体，以便早日孕育皇嗣。第二，诏告天下，从此不再巡游，遣散随驾边军。第三，将政务责成各部门官员处理。

厚照下达威武大将军前往泰安、南北直隶等地为民祈福的手谕后，杨廷和等人再次上疏劝阻。杨廷和对皇帝自称威武大将军一事深恶痛绝。他强调天子乃万乘之尊，岂能自降身份，沦为臣子；这种以君为臣、倒行逆施的做法，亘古未闻，不敢奉命。他还说皇帝端居大内，自可祈福安民，不必屈尊奔赴各地祭祀。

礼部尚书毛澄等人的措辞更为尖锐。他们写道，陛下去年巡边，能够安然归来，多亏天地眷顾，祖宗保佑，岂能再次冒险远行。他们还斗胆质问皇帝，陛下南巡如果发生什么变故，后悔是否还来得及，倘若蒙古大军趁机而入，奸邪之徒乘势而起，又将如何应对。[1]

当时，厚照不可能知道南巡最终会成为他的死亡之旅。因此，他对纷至沓来的劝阻置若罔闻，甚至开始做起了准备工作。他下令疏浚运河，又发布告示：南巡所过地方，官民船只皆可通行，居民各安生业；随从人员务必严守法度，不准生事害民。[2]

皇帝一意孤行，激起了包括舒芬在内的众多中下层京官的强烈不满。

翰林院修撰舒芬，江西进贤人，正德十二年（1517）状元，时年36岁。此前他曾先后进呈《隆盛孝疏》《车服疏》劝阻皇帝北巡。[3] 据他日后回忆，当时盛传，皇帝将于三月十九日出

---

[1]《明武宗实录》卷171，正德十四年二月甲申、己丑。
[2]《明武宗实录》卷172，正德十四年三月丁未、己亥。
[3] 焦竑：《皇明人物要考》卷3。

发，且将下苏州，抵浙江，遍观中土繁盛。[1]

眼看南巡之期日益临近，而内阁大臣、六部尚书看起来已经妥协。这令在京的中下层官僚愤懑不已。或许是对皇帝连年巡守的积怨，又或许是预感到皇帝这次出巡可能会遭遇凶险，他们决心抗争到底。

三月十三日，六科给事中与十三道御史决定集体请命。他们整齐地跪在左顺门外请求皇帝终止南巡计划。他们自辰时跪到午时，又从午时跪到申时，不食不休，连续抗争了五个时辰。直到宦官来传皇帝口谕，他们才勉强离开。[2]

伏阙请命一事令厚照十分恼火。第二天，他传旨说自己被气病了，并宣布取消本应在三月十五日举行的朝会。这条口谕传达了一个强硬的信号，即谏阻南巡是对皇帝身体的伤害，今后谁再这样做可能会遭到惩罚。

众多中下层京官并未退缩。三月十五日早晨，舒芬率领在翰林院读书的同科进士（即所谓同年）上疏进谏，兵部郎中黄巩等人也直言极谏。随后，舒芬等一百多名官员聚集左顺门，他们群情激愤，试图再次伏阙请命。吏部尚书陆完不愿事态扩大，劝说众人，不要让皇帝背负恶名。百官虽勉强散去，但仍愤愤不平。

当日，舒芬激励同道，说匹夫之志不可夺。在舒芬等人的鼓动下，吏部、刑部、礼部、行人司、太医院等衙门的中下层

[1] 焦竑辑：《献征录》卷120。
[2]《明武宗实录》卷172，正德十四年三月丙午。

官员，持续不断地进呈谏阻南巡的奏疏。[1]

在先后呈上的谏疏中，影响最大的一份出自黄巩之手。兵部武选司郎中黄巩，福建莆田人，弘治十八年（1505）进士，时年40岁。他曾随厚照巡边，且以马革裹尸自许。[2]然而，他坚决反对南巡，抱着必死的决心，奋笔写道：陛下临驭以来，祖宗创立的纪纲法度，已经荡然无存；动乱、灾祸随时都有可能发生，臣只怕陛下知道真相的时候为时已晚。随后，他从六个方面提出了自己的意见。

首先，尊崇理学。这部分文字在今天看来或许显得迂腐，但在当时士人心中却是天经地义。

其次，广开言路。他沉痛地指出，论及时政的奏疏，通常被权臣隐匿不报，弹劾权臣的奏疏又往往不予批复，甚至会寻衅报复上疏官员。他建议皇帝明智地对待敢于直陈君过的谏臣，使权奸有所畏惧，不敢肆虐。

其三，削去镇国公、威武大将军等名号。他甚至说，如果陛下执意自轻身份，那么就有可能成为人人得而诛之的独夫，到时候纵然想要做个匹夫，恐怕也不可能了。

其四，停止巡游。他直言不讳地指出，陛下北巡所到之处，民间夫妇不能自保，陛下为民父母，怎么能忍心做出这样的事！他又指出南巡的凶险，即陛下身边有奸雄窥伺，这些人一直在等待机会发动叛乱，万一变生肘腋，陛下岂不欲归无路！

---

［1］　焦竑辑：《献征录》卷81；郑晓：《今言》卷3。
［2］　郑晓：《吾学编》卷29。

如果政变果真发生在巡游之际，朝臣想要救援也望尘莫及，届时陛下纵然悔恨，恐怕也悔之晚矣。

其五，处死江彬。在他看来，江彬是擅权乱政的罪魁祸首。他知道弹劾江彬可能会招来杀身之祸，仍奋笔写道，江彬外挟边军，内掌兵权，已成骑虎之势，必将发动叛乱。他建议皇帝杀江彬以谢天下。

其六，确定皇位继承人。他建议皇帝在宗室中挑选一位贤明、亲近之人，收为养子。待到皇帝有了亲生骨肉，再将养子遣出。

最后，他披肝沥胆地写道，臣等实在不忍心让陛下自取灭亡，成为后世的笑柄。这就是臣等之所以相对痛哭，提笔呜咽，不知所云的缘故。

兵部员外郎陆震看到黄巩的谏疏后，大为赞叹，他当场撕碎了自己那份。他明知道黄巩的奏疏很可能会招来杀身之祸，仍抱着慷慨赴死的决心，毅然请求在黄巩的谏疏上署名。

雪片一般的谏疏，厚照不可能一一过目。然而，群臣不顾他的警告，持续不断地谏阻南巡已令他怒火中烧，黄巩等人的犯颜极谏更使他出离愤怒。与此同时，被黄巩提议处死的江彬认识到，对于他而言，这是一场生死攸关的斗争。于是，他不断从中挑唆，请求皇帝严惩进谏诸臣。

三月二十日，厚照下令，将黄巩、陆震、夏良胜等六人押送锦衣卫大牢，严加拷问。同时，责令舒芬等一百零七人在午门外罚跪五日，每日自卯时跪至酉时。他还命令各衙门堂上官和锦衣卫官校监督谏诤官员的罚跪情况。

群臣的抗争仍未停止。当日，大理寺寺正周叙等为黄巩、舒芬等受罚诸臣求情，并谏阻南巡。不料，他们不但未能解救黄巩、舒芬等人，自己也被抓进锦衣卫大牢。第二天，厚照又命周叙、黄巩等人赴午门前罚跪。于是，一连五日，黄巩、周叙等十几个人每天清晨带着刑具，从锦衣卫大牢出发前往午门受罚。直至黄昏时分，他们才又拖着疲惫的身躯返回狱中。沿途百姓看到这些正直的官员沦为囚徒，狼狈不堪，不禁热泪盈眶。[1]

不久，百姓将不满情绪发泄在那些不敢据理力争的当朝大臣头上。据舒芬回忆，人们在这些大臣上朝或回家的路上，当街叫骂，朝他们吐口水，甚至投掷瓦砾。这些大臣不得不在天还没亮的时候就摸黑出发，待到天色昏黑才趁夜而还。有些大臣甚至不带办事官吏，便装出行。个别大臣因此迁怒于进谏诸官，上疏弹劾他们出位妄言。

三月二十五日，厚照做出了对舒芬等一百零七人的最终裁决。他下令将他们押到午门外，剥去衣物，杖打三十；并将舒芬、孙凤等五名带头鼓动谏诤的官员调到福建等地任职，又告诫吏部及科道官，不得荐举上述官员升迁或回京任职。其他一百零二名官员则罚没半年俸禄。

四月十六日，厚照又对黄巩、陆震、周叙等被关在锦衣卫大牢中的谏诤诸臣进行惩处。他下令将黄巩等人押到午门外，剥去衣物，杖打五十。同时，将黄巩、陆震等人革职为民，周

---

[1]《明武宗实录》卷172，正德十四年三月癸丑、乙卯、丙辰。

叙等人降三级外调。

或许是为了替皇帝泄愤，又或者受到江彬等宠臣的叮嘱，行刑人员在上述两次集体廷杖中出手甚重。受刑诸臣的哀号之声，响彻大内。很多受罚大臣被打得昏死过去，有些人被仆从抬回家后方才恢复意识。而陆震、李绍贤等十一人就没有那么幸运了，他们先后因廷杖过重而死。[1]

据说，黄巩、陆震等人在狱中多次遭到严刑拷打。陆震强忍剧痛，慷慨写下"惟有梅花入梦香"等诗句，可谓从容就义。黄巩身体羸弱，却侥幸逃过此劫。不过，三年后他便撒手人寰，年仅43岁。他生前曾经说过，人生在世，哪怕仕至公卿，也不过三四十年；只有立身行道，才能千载不朽。[2]

厚照在大规模惩处谏诤众臣之后，似乎放弃了南巡计划。根据时人张岳的看法，这是众臣伏阙死谏的忠诚，令皇帝最终感悟。[3]

五月初十，御史萧淮的奏本打破了短暂的平静。他在奏疏中指出，宸濠招聚亡命，密谋造反。[4]

萧淮的奏疏虽说是一石激起千层浪，但他不过是被放在前台的一枚棋子。在他身后，有一群审时度势的棋手。

事情需要从两个南昌人说起。其中一个叫谢仪，他为人狡

[1] 焦竑辑：《献征录》卷81；《明武宗实录》卷172，正德十四年三月戊午；同书卷173，正德十四年四月戊寅。
[2] 过庭训：《本朝分省人物考》卷52；郑晓：《吾学编》卷69。
[3] 张岳：《小山类稿》卷16。
[4] 杨廷和：《杨文忠三录》卷3。

黠，善于逢迎。为了逃避宸濠的迫害，他逃至京师，投靠太监张锐，成为东厂校尉。另一个是御史熊兰，他的父亲深受宸濠迫害。他一心想要揭露宸濠的罪行，却又畏惧他的权势。犹豫彷徨之际，他想到了同乡谢仪。他恳请谢仪说服张锐支持他弹劾宸濠，谢仪慨然允诺。

据《明武宗实录》，谢仪知道张锐收过宸濠不少贿赂，便从劝说他拒绝宸濠贿赂入手。张锐问他理由，他细致地讲述了宸濠即将谋反的种种迹象。他还提醒张锐，如果继续拿宸濠的钱，以后可能会赔上性命。[1]

张锐实际上也看出宸濠日益骄横，早想与他断绝往来，这时更觉得谢仪言之有理。他又想到钱宁从宸濠那里捞到的好处可比自己多得多，蓦然发觉这也是扳倒钱宁的大好机会，便答应谢仪向皇帝透露宸濠谋反的情况。

萧淮背后的棋手不止张锐、谢仪和熊兰。据《继世纪闻》，在谢仪的劝说下，张锐还拉上了江彬、张忠，一起对付钱宁。同时，杨廷和在得到消息后也参与其中。正是他授意谢仪、熊兰将揭发宸濠的事情托付给萧淮。[2]

厚照在萧淮上疏之前，也知道了这件事。张锐、张忠、江彬等人先后向他透露了相关情况，只有钱宁还蒙在鼓里。在萧淮上疏之前，他邀张锐与他一道，恳请皇帝降旨褒奖宸濠。张锐借故推脱，钱宁只得孤身前往。令他失望的是，皇帝听了他

---

[1] 《明武宗实录》卷174，正德十四年五月丙辰。
[2] 陈洪谟：《继世纪闻》卷5。

的提议之后，黑着脸，一言不发。看到萧淮的奏疏后，他又多次在皇帝面前诋毁萧淮。厚照冷冷地说："是真是假，日后自有定论。"[1]

厚照看到萧淮的奏疏后，并没有急忙打起平乱的旗号率军南下。这个事实，通常被那些认定厚照南下就是为了游玩的历史学家所忽略。同时，这也再次印证了我之前的判断，南巡是为了军事威慑或者出其不意地解决宸濠。如今宸濠谋反已经被摆上台面，之前的计划不再适用。

厚照最终接受了杨廷和的建议，仿效明宣宗处置赵王的方式，派太监赖义、驸马都尉崔元和都御史颜颐寿前往南昌宣谕。杨廷和代写的敕书主要对宸濠提出了两点要求：第一，献还护卫、屯田；第二，不许再招纳亡命出入王府。[2] 简单说，就是要彻底解除宸濠的武装。

去宁王府宣谕是一项危险的任务，赖义、崔元和颜颐寿都是聪明人。为了能够活着回到京师，他们尽量拖慢脚步，甚至做好了必要时倒着走的准备。最终，他们没有到达目的地就打道回府了。[3]

钱宁眼见风云突变，急忙见风使舵。他将宸濠留在京师的细作卢孔章等二人抓进锦衣卫大牢，又将恢复宸濠护卫的罪过推给臧贤。为了永绝后患，他派遣锦衣卫旗校埋伏在臧贤谪戍

---

[1]《明武宗实录》卷174，正德十四年五月丙辰。

[2] 杨廷和：《杨文忠三录》卷3。

[3]《明武宗实录》卷176，正德十四年七月丙午。

的必经之路，乘夜灭口。已被关入大牢的两个细作也没有逃过他的毒手。[1]

刘吉日后供称，钱宁还派人星夜赶往南昌告知宸濠京师发生的前述变化。宸濠闻讯自知事情已经败露，连忙招集阉人刘吉，致仕都御史李士实，都指挥王信、王麒，盗贼闵念四、凌十一、吴十三等在王府商议大事。

宸濠开门见山地说："京师差官前来勘察，又要革除府上护卫，如今再不举事，绝非善策。"他还提出了在自己生辰第二天动手的计划，众人纷纷附和，妙计，妙计！宸濠顺势又给众人画了张大饼，说事成之后，刘吉封太监，李士实做丞相，王信等人亦将获得极品文武官职。众人大喜，纷纷磕头谢恩。

六月十三日，巡抚孙燧、巡按王金、镇守太监王宏、布政使梁辰、按察使杨璋、按察司副使许逵等江西官员来到王府给宸濠祝寿。第二天，宸濠在府上举办盛大的答谢宴会，出于礼节，众官再一次来到王府。他们看到大殿两旁侍立的壮汉面色不善，心中颇觉异样。但碍于情面，众人隐忍不发。

三拜礼过后，殿门突然关闭。两旁侍立的闵念四、凌十一等人纷纷亮出事先藏好的凶器。

只见宸濠走上前来，高声说道："太后娘娘有密旨，令我起兵监国。列位是否深明大义？"众官面面相觑。

"既然说有密旨，那就请王爷拿出来让我们看看。"孙燧从容不迫地说。

---

[1]《明武宗实录》卷174，正德十四年五月丙辰。

宸濠并不答话，他见许逵怒目而视，便转而问道："你知道大义所在吗？"

"我不知道你说的是什么大义，我只有一颗忠心。"许逵倔强地说。

宸濠大怒，吼道："杀了这两个不知大义的家伙！"

许逵愤然攘臂，骂不绝口。无奈凌十一等上前，将他与孙燧绑赴惠民门。据说，许逵临刑前不无遗憾地对孙燧说道："公早听我言，何至于此。"

为了震慑人心，宸濠令人割下孙、许二人首级，悬挂在南昌城头。他见众官不敢再直言抗拒，便将从逆者留用，不从者羁押。他又派人分赴抚台、布政司、南昌府、新建县等各级衙门，夺取印信、关防，劫掠库银，释放囚犯，强夺各处民船。他还派遣涂钦、凌十一、吴十三、闵念四等人攻打九江、南康，并扬言自己将于十七日率军直捣南京。[1]

七月十一日，厚照接到宸濠谋反的奏报。[2] 他可能会感到莫名的兴奋，因为在他看来，这又是一次纵横沙场、扬名后世的机会。他不顾群臣反对，执意御驾亲征。亲征之前，他针对宸濠叛乱做出如下部署：首先，派遣许泰为先锋，率军直趋南京，守护东南根本之地。其次，命令张忠、刘晖率军杀奔江西，直捣宸濠巢穴。其三，任命张永为提督，处理机密重务。同时，

[1] 张瀚辑：《皇明疏议辑略》卷32；《明武宗实录》卷175，正德十四年六月丙子。

[2] 杨廷和：《杨文忠三录》卷3。

令他率军南下，勘察宸濠谋逆详情。其四，命令身在江西的王守仁暂时兼理巡抚事务。其五，缉捕宸濠安插在京师及京师至南昌的交通要道上的细作。[1]

与之前的北征相比，这次亲征有以下两点变化。一是，颁布诏书，昭告天下。在这份诏书中，厚照不但宣布革除宸濠的爵位及宗室属籍，而且明言他将御驾亲征，讨伐逆藩。[2] 二是，阁臣随行。或许是吸取了北征未带御用文臣的教训，这次他带上了内阁大学士梁储和蒋冕。

安排留守，组织亲征需要繁多的准备工作，旷日累时。因此，在先锋许泰已经出兵十九天之后，也就是八月二十二日，厚照才率军启程。[3]

据杨廷和回忆，黄昏时分，厚照才出现在正阳桥南侧。他坐在龙椅上，接受群臣跪拜。为了给皇帝践行，杨廷和与六部大臣上前敬酒。或许是担心已经吃醉了酒的皇帝有什么闪失，司礼监太监魏彬想要制止杨廷和等人，但他最终没有这样做。三次敬酒过后，厚照端着酒杯，嘴唇微张，似乎有话要说，却犹豫不决，最终只说了四个字："好生看家。"随后，厚照便在魏彬、江彬等人簇拥下，登上特意为这次南征打造的革辂启程了。[4]

---

［1］《明武宗实录》卷176，正德十四年七月甲辰；同书卷177，正德十四年八月己巳。

［2］《明武宗实录》卷174，正德十五年七月丁巳。

［3］《明武宗实录》卷176，正德十四年七月乙卯、丙辰；同书卷177，正德十四年八月癸未。

［4］杨廷和：《杨文忠三录》卷3；沈德符：《万历野获编》卷1。

且说宸濠本打算六月十七日亲征南京，却拖了半个月才率军启程。这主要是因为他遇到了一个强大的对手，这个对手就是王守仁。

王守仁，浙江绍兴人，弘治十二年（1499）进士，时年48岁。在历史上，他以思想家闻名于世，其致良知、知行合一等学说影响深远。相对而言，他在军事上的名声并不显赫。然而，自正德十一年（1516）起，他开始担任赣南汀漳等地的巡抚。在平定江西南部与福建西部叛乱的过程中屡立战功。

三年后，他奉命前往福建勘察，途经江西丰城时，恰逢宸濠举事。

当时他手下有一百多名军士，他留下几名随从，并吩咐其他人暂时避乱，日后伺机会合。他带上随从，打算找船沿赣江逆流而上，前往吉安。不料，宸濠事先知晓王守仁的行踪，已经派出一千余人前来丰城劫持。船家风闻其事，惧怕宸濠，不敢让王守仁上船。守仁见事情紧急，拔剑胁迫，才得以与几名随从登船起航。

黄昏时分，他让一名随从换上自己的官服留在船上。自己则与其他几名随从穿上普通百姓的衣服，另觅一艘渔船继续前行。不久，宸濠的手下果然追上了王守仁离开的那艘船。他们发现船上穿着官服的家伙不过是个随从，十分恼火。有人想要杀死这个替身，却遭到同伴劝阻。最终，他们抛下他，扬长而去。

王守仁脱身之后，想到了一个对付宸濠的办法。他重金雇了几个戏子，让他们假扮官差。然后，将他伪造的几道密旨缝到他们的衣服里。他又派人将伪丞相李士实的一个族人抓到船上。

他有意让这厮看到他吩咐那几个假扮的官差去某处传递密旨。然后,他又装作突然察觉这厮发现了秘密,勃然大怒,命令随从将这厮拖到岸上杀了。上岸后,随从按照事先安排,故意给了这厮逃走的机会。

这厮自以为死里逃生,兼程赶回南昌,向宸濠报告了事情的经过。宸濠抱着不妨一试的心理,派遣手下前去抓人。谁知,手下真的在那厮提供的地点抓到了一名官差,而官差的衣服里果然也藏有密旨。

宸濠打开密旨,大吃一惊。密旨大意是说,朝廷知道宸濠要反,早就有所布置。各路军马已在路上,伺机进剿。宸濠虽然疑信参半,却不敢擅离南昌。[1]

不过,此时叛军颇有进展。六月十六日至十七日,涂钦、凌十一等人率军连续攻占南康、九江。涂钦留下万锐、熊僚等人驻防,自己与凌十一、闵念四、吴十三等人率军由湖口进入长江。他们顺流而下,杀入南直隶境内,直趋安庆府。[2]

消息传来,南京城中人心汹汹。不久,南京镇守太监刘琅将与宸濠里应外合的传言就沸沸扬扬。刘琅命指挥廖凯率领军

[1] 钱德洪:《平濠记》不分卷;王守仁:《阳明先生道学钞·平濠疏》卷6。
[2] 《明武宗实录》卷175,正德十四年六月戊寅、己卯;张瀚辑:《皇明疏议辑略》卷32。

士、家丁分布城中，以稽查奸党为名，残杀传播流言者。眼见不少无辜之人死于非命，城中更是人心惶惶。令人啼笑皆非的是，南京都督佥事张海被委以领军重任时，竟百般逃避，不敢赴任。[1]

浙江各地也是人心摇动。原来镇守太监毕真此前曾镇守江西，与宸濠交往亲厚，颇知逆谋。他到浙江赴任后，以操练军队为名，重赏将士，收买军心。他还打造盔甲、兵器数千副，堆积镇守衙门，以便日后响应宸濠。

宸濠谋逆的消息传来之后，毕真又派人四处传播宸濠将派遣太子出兵浙江的谣言，制造恐慌。此后，他还打算重施宸濠故技，以进呈万寿圣节贺表为名，邀请浙江各级官员到镇守衙门参加进表仪式。然而，毕真此举明显低估了浙江官员的智商，有了前车之鉴，谁肯重蹈覆辙。他眼见巡按等官点集人马，严加防范，一时胆怯，未敢妄动。[2]

六月十八日，王守仁抵达吉安。他与知府伍文定调集军士、民快，招募勇士，为平定叛乱积攒兵力。他还做了五件大事。第一，上疏朝廷，奏报宸濠之乱。第二，奏留途经吉安的御史谢源、伍希儒，鼓动乡绅王懋中等人参与平叛。第三，发布檄文，送达江西各府，揭露宸濠罪恶，号召各地官吏起兵勤王。

---

[1] 王世贞：《弇山堂别集》卷97；《明武宗实录》卷182，正德十五年正月丙申；同书卷183，正德十五年二月壬戌。

[2] 张瀚辑：《皇明疏议辑略》卷32；《明武宗实录》卷182，正德十五年正月戊午。

第四，派人潜入敌营，四处张贴招降告示，安插招降旗号与招降木牌。第五，派出少量军士向丰城进发，作势欲攻南昌，以为疑兵之计。[1]

为了进一步拖住宸濠，王守仁还使用了反间计。他派遣几名经常为自己递送公文的家人，秘密前往南京、淮安、扬州等地。并告诉他们朝廷大军即将抵达上述地方，让他们将自己拟写的迎接京军公文送达军前。随后，他派人访寻一个与宸濠素有交往之人并蓄意结纳，再适时将迎接京军公文等事透露给他。这厮如获至宝，立刻禀告宸濠。

宸濠派人四处追捕，终于捕得一名递送公文之人。宸濠百般拷打，此人被迫将他知道的情况和盘托出。

宸濠打开从那人身上搜出的公文，看到上面写着许泰、郤永率官军四万已至凤阳，将从陆路攻打南昌；刘晖、桂勇亦率官军四万抵达徐州，将水陆并进，直趋南昌；以及王守仁率军两万，杨旦率军八万云云。他又看到，王守仁建议许泰、刘晖等人徐行缓进，待宸濠离开南昌再率军进剿。更令宸濠惊讶的是，公文中还提到李士实、刘养正曾与王守仁密通书信，凌十一、闵念四也与王守仁暗中往来。[2]

起事之初，宸濠本打算僭号称帝，改元顺德。但是，李士实与十六日赶到南昌的刘养正反对。他们认为不能操之过急，

---

[1] 钱德洪：《平濠记》不分卷；焦竑辑：《献征录》卷9。

[2] 钱德洪：《平濠记》不分卷。

待到攻克南京之后，再称帝改元，布告天下。[1] 联想到这些，宸濠不禁对李、刘二人起了疑心。

不久，他又截获王守仁写给李、刘二人的蜡书。上面说什么二人身陷罗网却心念王室，如此密谋非老先生断不能成；又说待此公一出，便可下手，以及看后即焚，知名不具云云。宸濠由此对李、刘二人猜忌更深，而李、刘二人闻讯亦不敢尽心划策。[2]

一连十余日，宸濠四处打探官军动向，截获文书中所说的各路大军却毫无踪影。他这才恍然大悟，什么许泰、刘晖，什么徐州、凤阳，都是一派胡言。再加上涂钦等人围困安庆，久攻不下，宸濠决定听从李士实、刘养正之前的计划，率军亲征，攻安庆、取南京，称帝后再挥师北伐。

七月初一，宸濠祭祀长江之神。第二天，他率领大军，顺流而下。据说，叛军号称十万，战舰千余艘，连绵六十余里。七月初九，宸濠抵达安庆城附近的黄石矶。他见涂钦等人强攻无效，便欲智取。

宸濠令金事潘鹏，前往城下招降。城上将士多识得潘鹏，知道他也是安庆人，因而人心思动。安庆守备杨锐见势不妙，恰逢城上一人大声呼唤潘鹏，便挥剑上前，斩杀此人。他又弯弓搭箭，射向潘鹏。众将士见潘鹏落荒而逃，军心始定。

宸濠闻讯大怒，亲自督军围攻安庆。叛军利用数十座高于

---

[1] 张瀚辑：《皇明疏议辑略》卷32。
[2] 钱德洪：《平濠记》不分卷。

城墙的云楼攻城。城中早有准备。原来守备杨锐知道宸濠图谋不轨。在宸濠举事之前，便与知府张文锦修缮城墙，挑挖城堑，囤积粮草，营造器械。正因为这样，他们才能坚守安庆十八天。

且说当时，守军凭借数十座高于云楼的飞楼迎敌。官军凭高放箭，叛军伤亡惨重。当晚，守军缒城出击，将叛军的云楼尽数焚毁。

叛军见云楼已毁，又抬出数十架天梯攻城。天梯高于城墙，宽二丈有余，梯面遮有木板。天梯前后还开有暗门，便于军士轮流将其挪动，以逼近城墙。此时，守军早已备好了大量浸泡在油脂中的芦苇。待天梯靠近城墙，守军纷纷点燃芦苇，掷向天梯。刹那间，烈焰腾空，数十架天梯焚烧殆尽。叛军被焚死者不计其数。此后，守军或投掷石块，或泼洒沸水，叛军不敢近城。

数日之后，人数处于绝对劣势的守军趁夜出城，奇袭敌营。惊慌中，叛军以为前来增援的朝廷大军已到，互相惊扰，乱作一团。直至拂晓，守军退入城中，叛军才安定下来。

宸濠大失所望。他本以为这次亲率王府护卫等精锐之师可以一举攻克安庆，谁料竟困于坚城之下。百无聊赖之中，他问身边的一个篙工，现在停泊之处是什么地方。

"黄石矶。"篙工答道。

宸濠闻言大怒，亲手杀死了这个无辜的苦命人。在他看来，黄石矶与王失机谐音，颇不吉利。他又对左右亲信哀叹："小小安庆尚且攻不下来，还说什么直捣金陵。都是那几个人给我出的馊主意！"[1] 恰在此时，留守南昌的万锐派人来报，王守仁率军来攻。宸濠担心南昌失守，进退失据，遂率军西返。[2]

话说王守仁获悉宸濠离开南昌后，便命知府伍文定、戴德孺、徐琏、邢珣及通判胡尧元等人率领吉安、临江、袁州、赣州、瑞州等府县的八万大军，于七月十五日在靠近南昌府的樟树镇会合。三天后，他率领五府官军杀入南昌府境内，进驻丰城。

当天，部分官员提出，绕过南昌，驰援安庆，确保南京无虞才是当务之急。守仁据理力争，他说若直趋安庆，宸濠必回军死战，而南昌、九江、南康等处叛军，将截断我军粮道。届时，叛军前后夹击，我军难有胜算。若先取南昌，夺其根本，则宸濠必定回军，安庆之围自解。

不久，王守仁得报，宸濠已经派回一千余名叛军埋伏在新旧坟厂，伺机援救南昌。他当机立断，命令奉新县刘守绪夜袭新旧坟厂。官军旗开得胜，先声夺人。二十日凌晨，王守仁率军围攻南昌。由于守军毫无斗志，倒戈奔溃，官军很快攻入城中。[3]

据《明武宗实录》，各路官军原本素无纪律，其中又杂有大量此前接受招抚的江西民变武装。因此，官军入城之后，贪功滥杀。南昌居民往往在睡梦中死于床上，甚至有的家族惨遭

---

[1] 《明武宗实录》卷176，正德十四年七月丙午。
[2] 张瀚辑：《皇明疏议辑略》卷32。
[3] 王守仁：《阳明先生道学钞·平濠书》卷6。

灭门之祸。直到王守仁拂晓入城，才开始整顿军纪。他一连处决几名滥杀无辜者，仍收效甚微。于是，他下令生捕者有功，不计首级，这才止住了滥杀的势头。不过，官军对富户的劫掠却没有停止，甚至宁王府中的部分金银财宝也被劫夺。[1]

得知宸濠回军西返后，各路官军又对应敌之策产生了分歧。很多人认为，宸濠兵多势盛，宜坚守南昌，等待朝廷大军或各地勤王之师。王守仁力排众议。他主张，宸濠兵力虽盛，但徒以开国封爵蛊惑人心；如今旬月之间，败退而归，已是军无斗志；若我军乘胜猛攻，叛军溃败无疑。于是，王守仁部署各路官军分道并击。

八月二十四日，宸濠的先头部队抵达鄱阳湖中的黄家渡附近，正遇伍文定所部官军。叛军发起猛攻，官军不利。伍文定亲自放炮还击，不料大风将火焰反吹过来，烧了他的胡须和手臂，灼烧之痛使他险些落水。叛军乘势掩杀，官军败退。[2]

此时，王守仁正在中军讲学。谍者来报，我军败绩，满座皆惊，他却神色自若，继续讲说心学要旨。不久，谍者又报，叛军大溃，满座皆喜，他仍面不改色，宣讲不辍。[3]

原来伍文定败退不久，已绕到叛军阵后的邢珣突然率军直冲敌阵，叛军大乱。伍文定率军反攻，戴德孺、徐琏各率官军左右包抄，叛军溃败。官军追杀十余里，斩杀两千余人。叛军

[1]《明武宗实录》卷176，正德十四年七月辛亥。

[2] 王守仁:《阳明先生道学钞·平濠书》卷6。

[3] 钱德洪:《平濠记》不分卷。

落水而死者，数以万计。

叛军退至八字脑。宸濠收集溃卒，调来九江、南康守军，准备与官军展开决战。据王守仁日后奏报，为了提振士气，宸濠赏给在黄家渡之战中当先敢战者白银千两，敢战被伤者白银百两。

第二天，叛军率先发动进攻。由于风向不利，官军败退。王守仁连忙派人将率先逃走的军士斩首示众，官军这才稳住阵脚。倒霉的伍文定又被自家炮火烧到了残留的胡须，但他毅然不退，督促所部官军继续放炮。不知是谁运气奇佳，一炮打中宸濠乘坐的大船。宸濠惊慌失措，率先遁走，叛军大败，逃至樵舍。[1]

第三天，叛军忽然看到湖面上顺流漂下无数免死木牌。正在叛军惊疑之际，官军兵分四路围攻叛军。由于南昌已失，宸濠屡败，部分叛军悄然拾起水中木牌，自行逃散。混战之中，湖面上又出现一面大型木牌，上写"宁王已擒，我军不得纵杀"。幸存的叛军无心恋战，舍命争夺免死木牌，溃散逃亡。

眼见大军溃败，湖面上浮尸积聚，宸濠和他的妻子娄氏心知大势已去。偏巧，此时宸濠的副船又被战火点燃。娄氏触景生情，泪如雨下。她对宸濠说："我以前怎么劝你，你都不听。现在沦落到这步田地，还有什么好说！"说罢，娄氏投水自尽。众多宫女、阉人以及侍卫跟着娄氏跳入湖中，溺水身亡。

眼前的变故让宸濠应接不暇。娄氏身死虽然让他伤心，但

[1] 王守仁:《阳明先生道学钞·平濠书》卷6。

此刻对他而言更重要的是逃命。他突然发现芦苇深处隐藏着一只渔船，他像是找到了一根救命稻草一般欣喜。他大声呼叫渔夫，渔船竟然划了过来。他连忙上船，命令渔夫载他逃命。渔夫也不答话，径直将他送到王守仁的中军大帐。原来这个渔夫是知县王冕属下所扮。

宸濠看到中军帐里的王守仁，突然恢复了镇定。他叮嘱王守仁帮他埋葬娄氏，随后便不再开口。据《明武宗实录》，监押期间，他每次吃饭都会祭奠娄氏；每当提及娄氏，他都会说，对不住这位贤惠的妻子。[1] 然而，娄氏尸骨已寒，恐怕听不到他的忏悔。

王守仁的捷报送达御前时，厚照已率军行至涿州。他想必不敢相信，削平叛乱的荣耀就这样被臣下捷足先登。他看着那辆按照古典礼制打造的革辂，心绪难平。难道声势浩大的亲征在出师第五天就戛然而止？他不甘心。他决定将王守仁的奏疏留中不发，继续南下。[2]

厚照的这个决定通常被当作南征就是为了游幸的证据。不容否认，宸濠被擒之后，南征确实变成了南巡。然而，厚照坚持南下除了不甘心被王守仁抢了风头之外，另有隐情。

---

[1] 钱德洪：《平濠记》不分卷；《明武宗实录》卷176，正德十四年七月丁巳。

[2] 《明武宗实录》卷177，正德十四年八月丁亥。

第九章　死亡之旅

厚照执意南下还与宸濠的伪檄与安民伪榜有关。

李士实、刘养正为了帮宸濠收买人心，特意炮制了一篇讨伐厚照的檄文和一篇安民榜文。由于宸濠兵败被擒，上述两篇公文被朝廷称为伪檄和安民伪榜。

李、刘二人在伪檄和伪榜文中写了些什么呢？据宸濠逆党刘吉的供词，这两份公文没有使用正德年号，而是采用大明国号加上干支的纪年方法，即大明己卯。这样纪年的用意在于否定厚照统治的合法性。不过，不知是刘吉交代得简略，还是刑部在记录整理时删除了对皇帝不敬的内容。现存供词中只提到这两份公文中有指斥皇帝的词句，但没有说具体是什么内容。[1]

沈德符在《万历野获编》中简略地提到伪檄指责皇帝佩戴都太监牙牌，还辩称此事纯属子虚乌有。[2] 无论厚照是否曾经佩戴这种牙牌，伪檄上述内容的攻击性相对有限。然而，南京兵部尚书乔宇在奏疏中提到伪檄和伪榜时指出，逆贼词语凶狠、狂悖，罪大恶极。[3]

---

［1］　张瀚辑：《皇明疏议辑略》卷32。

［2］　沈德符：《万历野获编》卷1。

［3］　《明武宗实录》卷176，正德十四年七月丙午。

《明武宗实录》记载了伪檄中最为狂悖的一句话，即明朝皇室祖先已经有十四年没有享用祭品了。[1] 按照当时的观念，具有血缘关系的族人进献祭品，祖灵才会享用。因此，伪檄中这句话的真正用意，是指斥厚照不是皇家血脉。据《宪章录》，宸濠在杀害孙燧之前也说过伪檄上的这句话；不过，在这句话之前，他还说孝宗实际上是太监李广从民间抱来的野种。[2]

必须指出《宪章录》出现了一个明显的错误，即把武宗误写成孝宗。因为宸濠谋反时是正德十四年（1519），他强调十四年这个时段，正是为了指斥厚照。同时，他还要打着张太后有密旨的旗号，绝不会公然诽谤孝宗。

厚照看过伪檄和安民伪榜，因为鄱阳知县不知出于何种动机将缴获的这两份公文转呈御前。他看过之后勃然大怒。就在王守仁报捷奏疏送到涿州的两天前，他传旨责问鄱阳知县以及帮助他转送公文的南京内外守备等官，怎么敢将伪檄、伪榜转送御前，这不是传播妖言，动摇人心吗！他还命令江西及邻省各级官员，今后但凡与宸濠有关的公文，看到后立即焚毁，即便只言片语也不许转达。同时，他还要求这些官员严惩那些持有伪檄、伪榜的人。[3]

从厚照的上述反应可以看出，他对说自己并非皇家血脉的妖言颇为敏感。这主要与我在序章里面讲过的郑旺妖言案有关。

---

[1]《明武宗实录》卷175，正德十四年六月丙子。
[2] 薛应旂：《宪章录》卷47。
[3]《明武宗实录》卷177，正德十四年八月乙酉。

这个案子给当初只有14岁的厚照留下了很深的心理阴影。他不会忘记，几乎一夜之间，他从皇后之子变成众人口中的宫女之子。

按照一般的逻辑推理，既然厚照的母亲可以从皇后变成宫女，那么他的父亲就有可能从皇帝变成百姓。这就是为什么宸濠、李士实、刘养正等人要在伪檄中宣扬这件事，厚照又忌讳这件事的主要原因。

令厚照颇为忌讳的妖言流传甚广。据刘吉的供词，宸濠当时用木板雕刻，将伪檄、安民伪榜分别印刷一千余张。[1]

早在亲征之前，厚照曾派张永为提督，处理机密重务。从张永只带一千余名军士分析，他要处理的主要不是军事事务。虽然没有史料能够说明，厚照命令他处理的是什么样的机密重务，但我想除了审查与宸濠交往密切的大臣之外，还包括处理伪檄、伪榜和控制妖言。

在我看来，厚照坚持南下，既是为了监督张永处理好上述问题，也是为了对妖言传播区进行军事威慑，避免有人利用妖言谋逆。从留存到今天的史料中仅保存了伪檄、伪榜的只言片语来看，厚照和张永处置得比较成功。

厚照又启程了，他于八月二十七日到达保定。[2] 这时，他还不知道这次南下将是他的死亡之旅。

如果从后见之明的角度观察，当时已经出现了一些不祥的

---

[1] 张瀚辑：《皇明疏议辑略》卷32。
[2] 《明武宗实录》卷177，正德十四年八月己巳、戊子。

征兆。据《万历野获编》，正德十四年（1519）四月，江西大雨连绵，鄱阳湖水面暴涨，就连湖中的小孤山也被完全淹没了。大水退后，人们在小孤山上发现了一条死去的黑龙。该书作者沈德符将这件事与宸濠谋反，武宗崩殂联系在一起。这种联想或许还有某些现实依据，因为武宗南巡时乘坐的就是黑龙舟。[1]

有的读者可能会质疑，怎么历史书里还有龙啊？确实有，不但《万历野获编》里有，官修史书《明武宗实录》里也有。而且这两部文献还记载了同一件奇闻。事情发生在正德十三年（1518）五月，沈德符特意提示，这正是厚照在喜峰口巡边的时候。某天，常熟县俞野村雷电交加，突然一条白龙和两条黑龙从云层中露出头角。三龙口中吐火，六目如炬，鳞甲毕现。须臾，三百余间民房被平地拔起，二十余只船也被吸到空中。据说，一些船上的人又被抛到地上，有人当场惊怖而死。[2]

鄱阳湖里的黑龙可能是一只与龙类似的动物，常熟县的奇闻或许也只是时人遇到龙卷风时产生的错觉。无论如何，当时的人相信他们确实看到了龙，也有人认为黑龙之死，预示着厚照的崩殂。

无独有偶，《玉堂丛语》记载了另一个传说。据说，正德十四年（1519），洪水冲毁了固安县境内的堤坝，河上的桥梁也被冲得支离破碎。当地人在崩塌的堤坝中发现了一块石碑，上

---

[1] 沈德符：《万历野获编》卷29；朱国桢：《涌幢小品》卷1。
[2] 沈德符：《万历野获编》卷29；《明武宗实录》卷162，正德十三年五月己酉。

面写着十个大字——桥崩天子过，碑出状元来。据说，石碑上的谶语都应验了。当年，厚照南巡途经固安。第二年，当地人杨维聪高中状元。[1] 该书作者焦竑没有明确指出，碑上谶语与厚照崩殂之间的关系。然而，他的叙述却给我留下了一个深刻的印象，即桥崩象征着厚照人生之旅即将穷尽。

如果说龙尸、碑谶过于离奇，厚照当时也未必知道。那么，金吾卫都指挥佥事张英的预言，他一定记得。

正德十四年（1519）三月二十五日，内海子水面暴涨，高出桥面四尺。桥下的七根铁柱齐折，如同被利刃斩断一般。张英认为这是上天示警，便决定以死谏阻南巡。他自行跪在端门之外，高声喊道："皇帝出巡，必定不利。"[2] 他又说："我随驾出巡，遇到变故，自分必死。与其死在路上，不如死在这里。"说罢，便拔刀自戕。[3]

不知是察觉了某些征兆还是单纯的心灵感应，厚照自己也产生了不祥的预感。这从禁猪的圣旨中可以看出端倪。据《明武宗实录》，厚照在南巡所经之地都会发布禁猪令，南北直隶和山东的巡抚等官都曾传达这道圣旨。关于这一点，太常寺官员也有所认识。因此，他们在禁猪的影响扩大化以致太常寺无猪可用的时候，建议将禁猪的范围限定在皇帝经过或所在的地方。

---

[1]　焦竑：《玉堂丛语》卷6。

[2]　焦竑辑：《献征录》卷21；同书卷81。

[3]　《明武宗实录》卷172，正德十四年三月癸丑。

禁猪的内容比较广泛，包括禁止饲养、禁止买卖和禁止屠宰。然而，其中最重要的是禁止屠宰。这也是为什么杨廷和将他规劝皇帝的奏疏定名为《请免禁杀猪》。

违反禁猪令的后果十分严重，不但违禁者本人倒霉，就连他的家属也难逃厄运。用当时的说法，就是全家发配到极其边远的地方，永远充军。也就是说，违禁者全家都会被官府撵到蛮荒之地去承担军役，而且被迫世世代代生活在那里。

如此重罚制造了强烈的社会恐慌。因为猪在当时是日常生活中的重要食品，也是人们豢养的主要家畜。人们不知道皇帝发了什么疯，偏要跟猪过不去，但他们知道如果不按皇帝说的做会有什么后果。于是，人们也疯狂起来，挥舞屠刀，向着自家的猪头砍去。很快，南北直隶、山东的猪几乎消失殆尽，以致太常寺在组织皇家祭祀时无猪可用。

厚照为什么要禁猪呢？明人李诩家中收藏的正德十四年十二月十九日辰时的牌面，是南直隶江阴县传达禁猪令的公文。可惜，李诩在《戒庵老人漫笔》中没有全文抄录，仅是加以概述。

结合李诩的概述与杨廷和规劝皇帝的文字分析，厚照禁猪主要有两个原因。首先，厚照属猪。其次，厚照姓朱，猪与朱同音。如果将这两个原因再加以概括，那就是厚照认为杀猪对自己不利。[1] 这种疑神疑鬼的焦虑，充分说明厚照当时对死亡

---

[1] 《明武宗实录》卷181，正德十四年十二月乙卯；同书卷184，正德
十五年三月甲午；杨廷和：《杨文忠三录》卷1；李诩：《戒庵老人漫
笔》卷4。

的恐惧和忌讳。

无论恐惧还是期待，生活还是要继续。厚照在保定时，曾与巡抚伍符等人饮酒作乐。期间，他故意罚伍符饮酒数瓢，看到酒量甚佳的伍符终于醉倒，他不禁开怀大笑。随后，他鉴于宸濠已经就擒，传旨停止征调河南汝宁府的扒山兵，湖广各卫官军以及茅冈、镇溪等地的土司兵。[1]

不久，朝臣也得到了王守仁平定叛乱的消息，谏阻南征的奏疏纷至沓来。厚照不加理会，继续率军南下。

九月初七，厚照到达临清。此地在京师与江南之间，又是运河上的交通枢纽，批答从京师送来的公文，处理从江西、南直隶呈递的奏章都比较方便。因此，他在这里停留的时间较长。

在临清，厚照接到了王守仁打算押送宸濠等逆犯北上献俘的奏报，他断然拒绝。他对王守仁并不熟悉，早在十三年前王守仁就因为得罪刘瑾被贬谪到贵州龙场驿，此后一直在京外任职。

他知道王守仁在军事方面很有能力，因此在三年前便委任他为巡抚，镇压江西南部和福建西部的叛乱。王守仁对此颇有微词，曾说："自从任职江西以来，朝廷让我干的都是杀人的勾当。"

精通兵事虽说是王守仁赢得朝廷任用的优势，但是如果失去皇帝的信任，优势就会变成劣势。此时，厚照已经得到张忠、许泰等人从南昌呈递的奏报，说王守仁原本勾结宸濠，后来见

----

[1]《明武宗实录》卷178，正德十四年九月壬辰、甲午、己亥。

宸濠难成大事，这才反戈一击。张忠等人还说，王守仁趁平乱之机，将宁王府的大量金银财宝吞入私囊。[1] 对于这些奏报，厚照就算不能尽信，至少也会对王守仁产生怀疑。

实际上，质疑王守仁勾结宸濠，私吞宁王府财物的人不在少数。时人董玘还将一些对王守仁不利的"证据"写进了《明武宗实录》。这些"证据"包括：宸濠谋逆之前十分器重王守仁，馈赠不绝；宸濠曾经写信给陆完，说江西巡抚最好让王守仁来当；王守仁曾经让他的弟子冀元亨进入宁王府，游说宸濠；王守仁与逆党刘养正私交甚厚，称他为道学之友；就在宸濠谋逆前不久，王守仁与刘养正在吉安附近的船上彻夜密谋，随后刘养正赴南昌从逆；王守仁原本也打算赴宁王府祝寿，宸濠还曾派人至生米观迎候；宸濠就擒后，刘养正本指望王守仁搭救，却被他逼死；刘养正的母亲死后，曝尸荒野，王守仁派人埋葬，还为刘母写了祭文。

明代著名文学家、史学家王世贞曾为王守仁辩诬。他说，当年王守仁功名显赫，又拥兵驻守南昌上游之地，宸濠与刘养正主动示好乃人之常情，王守仁恪守巡抚与藩王交往的礼仪无可厚非。他还指出，如果王守仁参与逆谋，就不会反戈相向。不过，他也承认王守仁不该为刘养正的母亲撰写祭文。[2]

王守仁的弟子钱德洪在《平濠记》中借蔡文之口为业师辩护。蔡文在江西做官时，曾耗费几个月去访问那些经历过宸濠

---

[1] 钱德洪：《平濠记》不分卷；陈子龙辑：《明经世文编》卷186。
[2] 王世贞：《弇山堂别集》卷27。

之变的老人。据他说，为了平叛，王守仁不得不借助峒酋叶芳的势力，而默许私吞部分宁王府财物是换取叶芳效力的条件。[1]

我并不认为王守仁曾经参与谋逆，但我不得不承认，为他辩护非常困难。当我看到即使像王世贞这样的高人做出的辩护也缺乏足够的说服力时，更是直接打消了这样做的念头。我只能说，我相信他的人品，他不会做这样的事。然而，即便全盘接受王世贞、钱德洪、蔡文的说法，王守仁还是有可议之处，即不该为逆臣之母撰写祭文，不该协助或默许他人私吞宁王府财物。绕了一圈，我最想说的只有一句话，厚照怀疑王守仁不应该，但情有可原。

在临清，厚照上演了只身北返为红颜的桥段。九月二十二日，厚照独自上了一艘小船，沿运河北返。他的目的地是张家湾，那里有一个女人正在等他。这个女人被厚照身边的权倖称为刘娘，是除了一后二妃之外，厚照的女人中第一个留下姓名的人。

她叫刘良女，本是晋王府的乐工。和之前的马氏一样，也是有夫之妇。她的丈夫也和马氏的丈夫一样，因妻子被皇帝宠幸而在史书中留下了姓名。这个可怜的男人就是乐工杨腾。

厚照初识刘良女是在他巡边期间，当时他驻跸偏头关。为了助兴取乐，他要求晋王进献女乐。刘良女就是凭借这次机会得以在御前一展歌喉，从而赢得了皇帝的赏识。不过，当时厚照并没有把她留在身边，而是让她与其他女乐一道回了晋王府。

---

[1] 钱德洪：《平濠记》不分卷。

有些美女让人一见倾心，有些则需假以时日，刘良女大致属于后者。她悄悄在厚照心里扎下了根，使他无法忘怀。

当从榆林镇返回太原后，厚照再次召见刘良女，并将她带回豹房。从此，她时常陪在厚照左右，成了皇帝最为宠幸的女人。一般而言，无论是谁惹恼了皇帝，只要暗地里求得她说情，厚照都会一笑了之。

厚照南征时，不知何故将刘良女留在了张家湾。他说日后会派人来接，两人约定以她赠予的簪子为信物。不料，厚照骑马驰过卢沟桥时突然发现这个簪子不见了。他十分恼火，派人找了好几天也没找到。到了临清，他如约派人去接刘良女。无奈，她是个格外谨慎的人，不见信物，不肯上船。于是，厚照只得日夜兼程，赶回张家湾。[1]

厚照还在临清留下了几件体现他宽容、聪慧的轶事。据《涌幢小品》，一天，在运河上，厚照乘坐的黑龙舟突然被撞了一下。询问之下，获悉是山东布政使姚镆的船不小心撞的，他表示不必追究。当时，姚镆并不在船上，第二天才知道这件事。他连忙跑到御前致歉，厚照挥挥手，说："偶然碰一下，有什么关系，赶紧走吧。"

据《明武宗实录》，在抵达临清的第四天，他传令当地官员安排酒宴。不知什么缘故，当天宴会使用的餐具、酒器十分粗糙，酒菜也稀疏平常。他没有动气，只是笑着说了句："你

---

[1]《明武宗实录》卷169，正德十三年十二月戊子；同书卷178，正德十四年九月癸丑。

们就这样慢待朕，太过分了。"

不久，太监黎鉴向山东巡抚王珝索贿，王珝断然拒绝。黎鉴恼羞成怒，一头撞向王珝。谁知，王珝也不肯受这个委屈，竟与太监厮打起来。黎鉴多半是吃了亏，跑到皇帝面前哭诉，说山东巡抚羞辱他。厚照说："巡抚怎么敢羞辱你，一定是你有所希求却没达到目的。"[1]

同在临清，江彬与钱宁的生死权斗也接近了尾声。实际上，宸濠谋逆的消息传到京师后，钱宁就已露败象。当江彬获得提督东厂和锦衣卫的权力，[2] 直接成为钱宁的顶头上司时，胜利的天平已经倒向江彬。不过，江彬一时还没找到机会发动致命一击。

不知是否与江彬有关，厚照南征时本不打算带上钱宁。然而，钱宁担心自己不在皇帝左右，可能会被江彬等人构陷，便私下央求皇帝。厚照一开始并没有答应，直到御驾出了正阳门，他才改变主意。

从京师到临清，江彬与钱宁看起来相安无事。然而，在离开临清之前，江彬设法说服厚照将钱宁留下看管皇店。一个月后，江彬就向皇帝彻底揭发了钱宁勾结宸濠的情况。于是，权倾一时的钱宁被逮入大牢，等待他的是被下一位皇帝凌迟处死

---

［1］《明武宗实录》卷178，正德十四年九月戊戌；朱国桢：《涌幢小品》
　　卷1。
［2］《明武宗实录》卷177，正德十四年八月壬戌。

的命运。[1]

再说王守仁。九月，他得知张忠、许泰即将率领大军抵达南昌。他还听说二人对他擒获宸濠非常不满，打算将宸濠放到鄱阳湖中，待皇帝亲率大军赶到，再一战而擒。他知道战争不是儿戏，但他也相信张忠、许泰之辈真的能干出传闻中的事情。因为只有这样，他们才能立功受赏。

他不能允许这样的事情发生，于是，上疏请求南下杭州，再沿大运河北上献俘。由于事情紧迫，他不待回报就于九月十一日押着宸濠等逆犯从南昌出发了。行至广信府城上饶时，张忠、许泰的手下追了上来。原来张、许二人得到消息后不肯罢休，派出几名属下日夜兼程追赶守仁。来人坚持要守仁交出逆犯宸濠，王守仁严词拒绝，并连夜押着逆犯途经玉山县草坪驿赶往浙江。令他意想不到的是，张永已经奉皇帝之命来到杭州，阻止他北上面圣。

王守仁知道张永是扳倒刘瑾的关键人物，对他并无恶感。两个人在杭州见面后，他开诚布公地对张永说，江西经历了宸濠之乱，又恰逢旱灾，困苦已极；如果亲征官军进入这里，庞大的军饷供应与相关的劳役负担，恐怕江西百姓承受不起。如果他们穷极思乱，铤而走险，后果不堪设想。

张永表示认同，他还说："我不是来跟你抢功劳的。我这次南下主要是因为皇上身边有些奸佞之徒，我不得不提防、调解，这都是为了皇上。"

---

[1]《明武宗实录》卷180，正德十四年十一月丁巳。

他又提醒王守仁："不过，给皇上办事，得顺着皇上的意思，这样一切都好商量。如果偏要逆着来，恐怕于事无补。"

王守仁在得知皇帝派人阻止他北上献俘时，已经心灰意冷。他又认为张永大体可以信任，或者至少比张忠、许泰之流值得信赖。于是，他遵照圣旨将宸濠等逆犯交给张永，自己则称病在西湖南岸的净慈寺修养。

十月二十二日，厚照率军离开临清，继续南行。十一月，他乘坐黑龙舟，经徐州顺流而下，来到清江浦。他并不知道，这里是一年后将会致他死命的地方。他垂钓数日，不忍离去。

听闻皇帝进入南直隶境内，南京及淮安、扬州等处文武官员连忙前来迎驾。他们与山东、河南的送驾官员汇聚在清江浦。为了迎合皇帝，他们都身着戎装，徒步而行。因而一时也分不清品级高低，只得错乱纷杂地行走在各处的路上。

江彬此时已是继刘瑾、钱宁之后，皇帝最为宠信的权臣。他飞扬跋扈，不可一世。南京守备成国公朱辅为了避免无妄之灾，见了江彬就长跪不起。总兵顾仕隆不肯卑躬屈膝，多次被江彬当众羞辱。江彬还派遣官校打着为皇帝进献鹰犬、古玩的旗号到处敲诈勒索，稍不如意就抓到军中治罪。据说，淮河沿岸三四百里之地，无人幸免。[1]

王守仁也得到了皇帝已经到达淮安的消息。在净慈寺休养期间，他虽身在梵刹，但心系世事。他听闻张忠、许泰抓了他

---

[1]《明武宗实录》卷180，正德十四年十一月辛丑。

的学生冀元亨，追捕他的属下龙光、雷济、萧禹等人。

冀元亨在宸濠谋反之前奉王守仁之命前往宁王府规劝宸濠。他见宸濠怙恶不悛，便离开宁王府返回家乡讲学。而龙光等人则在平定宸濠之乱时，出生入死，夜入敌营，张贴招降告示，安插木牌、旗号。王守仁明白，张、许二人抓捕冀元亨等人，是为了诬陷他通敌。

他还听说，冀元亨被抓后虽屡遭毒打，但一言不发；龙光等人背井离乡，逃亡在外。他心绪难平，净慈寺里的佛音梵唱、南屏晚钟，寺外的西湖美景都不能化解他心中的忧愤。

他决定北上面圣。然而，当他行至镇江拜访致仕大学士杨一清时，对方劝他此时不宜北上。恰巧朝廷任命他兼任江西巡抚的诏书送达镇江，他便经湖口、庐山返回南昌。

当时，张忠、许泰正以追捕宸濠余党为名搅扰地方。北方军士在许、张二人的挑唆之下对王守仁充满敌意。他们不分昼夜，指名道姓地谩骂他，有的甚至寻衅滋事。

王守仁不以为意，他贴出告示，要求当地百姓以主客之礼对待北军。每当遇到北方军士病故，他立刻下轿，嘘长问短，出资厚葬。

一连数月，张忠、许泰也未找到构陷王守仁的把柄。为了泄愤，他们强邀王守仁在教场中比试射箭。张、许率先上场，箭不虚发。随后，二人含笑看着守仁，等着他当众出丑。不料，守仁也是三发三中，北方军士连声喝彩。张、许二人见手下军士逐渐对守仁产生了好感，自觉多留无益，遂班师面圣。[1]

十二月初一，厚照乘坐黑龙舟沿运河来到扬州府城江都。据《明武宗实录》，太监吴经假传圣旨，在扬州为皇帝挑选处女、寡妇。该书没有说明，吴经将挑选范围限定在上述两个女性群体，是为了满足皇帝的特殊癖好，还是保护当时被视为人伦之始的夫妻关系。无论如何，当地人认识到有夫之妇是安全的保障，不少人遂将家中适龄女儿连夜嫁人，也有一时结不成亲的人家，急忙带着女儿逃出城外。

吴经闻讯，也连夜抓人，但他只抓到了些寡妇，甚至娼妓。不过，被抓到的女人并没有全部送到皇帝身边。因为人们很快发现，只要家里有钱，就可以找吴经赎人。最终被送到皇帝驻跸之所的只是那些家里一文不名的女人。

十二月十八日，厚照在扬州欣赏当地歌舞伎的表演。五天后，部分歌舞出众的女子被带上了黑龙舟，跟随皇帝渡过长江前往南京。[2]

厚照抵达南京不久，张忠、许泰便时常诬陷王守仁，说他有意谋反。厚照问他们有何证据。他们信誓旦旦地说，陛下不信便召他来，他一定不肯来，这就是证据。

正德十五年（1520）正月，厚照召王守仁来南京。此前，张忠、许泰等人多次假传圣旨，召王守仁，他都拒绝前往。但这一次，王守仁即日启程。因为他得到了太监张永派人传来的

---

[1] 钱德洪：《阳明先生年谱》中卷；钱德洪：《平濠记》不分卷。
[2]《明武宗实录》卷181，正德十四年十二月辛酉、戊寅、癸未。

密报。不料，当他来到芜湖的时候，又被张忠、许泰的亲信拦住，无法面圣。万般无奈之下，他上了九华山，留在佛寺之中，每日闲坐。

一日，张忠、许泰又在皇帝面前构陷王守仁。厚照反诘："我召他，他就来，怎么会谋反呢！"张、许二人哑口无言。原来厚照暗中派出细作，已经获悉王守仁被逼上九华山的事情。厚照随后传旨，让王守仁返回南昌处理江西事务。[1]

接下来《明武宗实录》的记载乏善可陈。在本年六月的牛首山事件之前，似乎只有两件事值得一提：正月，厚照下令将被指控为宸濠逆党的毕真、刘璟等人抓入锦衣卫大牢；二月，张永将宸濠从南昌押到南京，宸濠逆案基本告一段落。[2]

一连几个月，厚照就待在南京。既没有顺从朝臣，班师还朝，也没有像人们预期的那样，下苏杭，遍游江南名胜。

在这段时间里，他最宠爱的女人依旧是刘良女，他甚至给了她妻子的名分。不过，不是皇帝朱厚照的皇后，而是威武大将军朱寿的夫人。不知是不是有所祈求，他们一道去过南京的很多寺庙，还布施过不少幡幢。而所施幡幢的落款无一例外，都是威武大将军、总兵官、后军都督府都督、镇国公朱寿与夫人刘氏。[3] 同时，我没有发现他南巡期间曾经宠幸过其他女子

---

[1] 钱德洪：《阳明先生年谱》中卷。

[2] 《明武宗实录》卷182，正德十五年正月戊午；同书卷185，正德十五年四月甲申。

[3] 《明世宗实录》卷6，正德十六年九月甲寅。

的史料，无论是从扬州挑选的歌舞伎，还是太监吴经从扬州抢来的那些寡妇及娼妓。

在此期间，厚照发挥自己的音乐才华，谱写了一曲《杀边乐》。在《万历野获编》中，这首曲子又被称为《靖边乐》。或许是因为南教坊司的乐工曾反复演练，并多次为厚照表演，此曲后来成为南教坊司的保留曲目流传下来。同时，此曲还开创了一种音乐风格，这种风格在万历年间演变成在当时十分流行的十样锦。[1]

期间，他还曾与艺术家徐霖飙歌、痛饮。徐霖，苏州人，时年59岁。今天通常将他当作一位戏曲家看待。实际上，除了戏曲之外，他还擅长书法、绘画、谱曲、歌唱，尤工乐府。厚照看到他写的乐府诗后，十分欣赏，封他为供奉，并多次造访徐霖在南京的住所。据《戒庵老人漫笔》，某夜，厚照一时兴起，便在二更时分驾临徐宅。见礼已毕，众人分宾主落座。徐霖家贫，只能摆出四样点心以及茶水。

"你就请我喝茶？"厚照面露不悦。

徐霖连忙磕头致歉："微臣不知陛下深夜驾临，没来得及准备。"

"已经有点心了，就是没酒。"厚照说道。

徐霖连忙端出几坛浊酒。厚照命徐霖唱歌助兴，自己则端起酒杯。徐霖唱罢，他也高歌一曲。就这样听歌、饮酒、唱歌，

---

[1] 李诩：《戒庵老人漫笔》卷1；沈德符：《万历野获编》卷25。

循环往复。直到四更天，他才尽兴而归。[1]

在表面的平静之下，也有一股涌动的暗流。不知何故，南京兵部尚书乔宇，认定江彬有意谋反。他时常率领百余名南方勇士与江彬在教场中比武。与江彬手下那些高大魁梧的北方大汉不同，乔宇挑选的都是些极其矮小精悍的南方汉子。然而，这些矮小的汉子身手敏捷，奔走如飞。据说，他们通常攻击北方军士的两肋或腰胯，将对手掀翻在地，移时方起。乔宇的目的是打击江彬的嚣张气焰，使他有所顾忌。[2]

牛首山事件打破了数月以来的平静。牛首山在南京城外30里，属于宁镇丘陵的西段。远远望去，该山双峰竞起，宛如牛首。山上有虎跑泉、白龟池、舍身崖、兜率岩、文殊阁等景观，是南京近郊的一处游览胜地。厚照在南京蹉跎了将近半年，才想到来此处游览。

按照厚照的习性，多半上山时天色已然不早，因而当晚在山上留宿也顺理成章。谁知，就在这天晚上，部分随驾侍卫突然从梦中惊醒，不知何处发出的呼喊传播着恐慌的情绪。一场莫名其妙的骚动过后，有人突然发现皇帝失踪了。

《明武宗实录》并没有交代皇帝当时究竟去了哪里，又是如何找到的；只提到当时已有传言，说江彬当晚有意谋逆。日后给江彬定罪的狱词也将牛首山事件视为一场未遂的军事政

---

[1] 何良俊：《四友斋丛说》卷18；李诩：《戒庵老人漫笔》卷4。

[2] 何良俊：《四友斋丛说》卷6。

变。[1] 不过，厚照事后就像什么都不曾发生过一样，既没有追究此事，也没有回銮的打算。

一个月后，又发生了两件离奇的事情。据《明武宗实录》，某天，或许是夜里，不知是什么东西突然破空而来，啪的一声滚落在皇帝面前。厚照定睛一瞧，是一颗绿茸茸的，类似猪头的东西。

真是怕什么来什么。生怕杀猪对自己不利，才下的禁猪令，如今却忽然飞来一颗绿猪头。这是谁干的，怎么做到的，又为什么要这样做？这些问题一定会萦绕在厚照的脑际。我不知道他会得出怎样的答案，但至少可以肯定投掷猪头的人想要恐吓皇帝。

厚照与猪的关联在禁猪令中已经公之于众，选择状如猪头之物明显是针对皇帝的死亡威胁。同时，能够将这样一件被涂成绿色的恐怖之物投掷到皇帝面前，说明厚照的人身安全已经得不到充分保障了。

另一起恐怖事件，也被《明武宗实录》记录下来。据说，那些准备进献给皇帝的寡妇、娼妓也被带到了南京，她们被拘禁在一处。就在拘禁之所的墙壁上，突然出现了密密麻麻的类似人头的东西，不知是被谁或者什么东西悬挂在那里。

上述两件事在当时的南京城流传颇广，甚至造成了一定程

---

[1]《明武宗实录》卷187，正德十五年六月丁巳；恽绍芳：《林居集》不分卷。

度的恐慌。[1] 厚照最终决定班师回京或许与此有关。

另外，据清代史学家全祖望的记述，厚照当时身体已经抱恙，张永嘱托刘良女说服皇帝，厚照这才决定启程北返。[2]

无论如何，闰八月十二日，厚照登上黑龙舟，班师还朝。六天后，他来到镇江。在这里，他留下了一场充分展现自己诗歌才华的聚会。

厚照在诗歌方面颇有造诣。明人沈德符看过厚照的诗后，盛赞他天纵多才。他的诗歌传世不多。不知是因为他写得少，还是因为已经散佚。据《明诗综》，当年在宣府时，他就曾写过一首小词。其中"野花偏有色，村酒醉人多"两句，流传颇广。[3] 除此之外，厚照存世的全部诗作都是在杨一清府上写下的。

杨一清家住镇江，厚照抵达这里后多次临幸杨府。在第二次驾临时，他走进书房，指着《文献通考》对杨一清说："这是部好书。"

"正如圣上所说。这部书既有事实，又有议论，确是佳作。"杨一清说。

"一共多少册？"厚照问。

"六十册。"杨一清答道。

"世上有比这部册数还多的书吗？"

---

［1］《明武宗实录》卷188，正德十五年七月辛丑。

［2］全祖望：《鲒埼亭集》卷23。

［3］沈德符：《万历野获编》卷1；朱彝尊：《明诗综》卷1。

"《册府元龟》更多,一共二百零二册。"

当天,杨一清识趣地将这两部书献给了皇帝。

第二天,厚照第三次临幸杨府。推杯换盏之际,他诗兴大发,前后赋诗多达十二首。这些诗日后被杨一清编入《车驾幸第录》,明末清初钱谦益藏有此书,并将厚照的四首诗作收入他编著的《列朝诗集》。今仅录其二首。

其一《銮舆幸第》:车驾亲临茂社堂,玺书高挂耀龙章。升平宴罢明良会,盛世流传万载香。

其二《上马留题》:正德英明已播传,南征北剿敢当先。平生威武安天下,永镇江山万万年。[1]

从第一首诗中,可以看出厚照以明君自居,甚至还奢望扬名后世。第二首诗则表现了他的尚武精神和军旅情结。

耐人寻味的是,他在杨府亲手写下这些诗作后的署名——锦堂老人。一个正值而立之年的人,为什么要以老人自居呢?难道他已经预知自己的生命临近终结?

九月,厚照乘坐黑龙舟再次来到他的宿命之地清江浦。此地位于淮河南岸,临近黄、淮交汇之处。虽然在行政上,这里隶属于淮安府山阳县,但由于地理位置的便利,此地当时是与扬州齐名的运河沿线的交通枢纽。

本月初七,厚照来到淮安府城山阳县,驻跸在已故尚书金濂的府邸。据《茶余客话》,刘良女被安置在后楼。由于厚照多次派人给她进献各色鲜花,因而日后此楼得名刘美人簪花楼。

---

[1] 钱谦益:《列朝诗集》乾集卷上。

当天，厚照驾临山阳儒学，瞻仰孔子塑像，取走《资治通鉴》一部。

第二天，厚照一行来到清江浦。大风突起，一连三日不能启程。为了打发时间，厚照带着刘良女遍游当地寺庙。到了被风阻隔的第三天，厚照来到清江浦常盈仓前一处名为积水池的地方。他与几个内侍手持渔网，驾着小船进入池塘。就在随驾文武与当地知府、知县围观皇帝捕鱼的时候，小船侧翻，皇帝倏然落水。一时间，众官纷纷跳下池塘，争先恐后地将厚照拉出水面。虽然有太医紧急医治，但这次落水成了厚照日后毙命的主要原因。[1]

时人认为，厚照溺水后惊悸成疾。然而，根据现代医学常识，厚照很可能在溺水时吸入了泥沙、水草之类的杂质，从而患上可以致命的吸入性肺炎。

令人疑惑的是，他并没有留在清江浦休养，而是在第二天就登上黑龙舟渡过黄河北返。十月二十六日，厚照一行返回通州。[2]

更加令人费解的是，到了通州他却不肯再进一步，回到近在咫尺的京师。他在通州驻跸长达四十五天之久。据《明武宗实录》，他曾对身边亲信说："朕必须先处理完宸濠逆案，才能

---

[1] 《明武宗实录》卷191，正德十五年九月辛酉、丙寅；阮葵生：《茶余客话》卷21；马麟：《续纂淮关统志》卷12。

[2] 阮葵生：《茶余客话》卷21；《明武宗实录》卷192，正德十五年十月庚戌。

返回京师。"[1] 然而，为什么不能回到京师再处理宸濠逆案呢？在我看来主要有以下两个方面的原因。

首先，张永在南昌查获宸濠留下的簿籍，上面记载了不少京师官员勾结宸濠的情况。虽然无法得知这些簿籍的具体内容，也不知道究竟牵涉到多少官员，但从厚照在通州处理逆党的情况来看，涉事官员职位较高，与厚照的关系也较为密切。其中被抓入锦衣卫大牢的逆党包括兵部尚书陆完、太监商忠、杜裕，少监卢明，奉用赵秀，锦衣卫都指挥薛玺，锦衣卫指挥陈善，监察御史张鳌山，河南右布政使林正茂。被勒令离职的涉事官员有太监萧敬和李英。

上述被惩处的官员只是宸濠簿籍牵涉的一部分人。不知出于何种考虑，同样受簿籍牵连的张雄、张锐、张忠，厚照未加处置。我想，类似上述三位太监的情况应该不在少数。[2]

其次，宸濠起事时，曾宣称张太后有密旨令他起兵。厚照与张太后的关系本不融洽。据《明良记》，厚照小时候由乳母喂养。某天，孝宗一时兴起，开玩笑似地让乳母怀中的小厚照打张皇后，没想到他竟然举起小手真的打了她。孝宗觉得有趣，又让他打乳母，他却不忍动手。于是，张皇后大怒，当场赶走了乳母。[3] 明人朱国桢也曾指出，自厚照登极以来，他就对母

<hr>

[1] 《明武宗实录》卷194，正德十五年十二月甲午。

[2] 《明武宗实录》卷193，正德十五年十一月庚申、辛酉。

[3] 杨仪：《明良记》不分卷。

族采取了十分疏远的态度；他与张太后的关系也十分冷淡。[1]

在我看来，郑旺妖言案发生后，厚照就已经对张太后是不是自己的生母产生了怀疑。他对张太后的冷漠，对母族的疏远或许都与此有关。在母子关系长期紧张的情况下，他多半也会疑心宸濠所说的张太后密旨确有其事。

如果将上述两个原因再加概括，那么厚照不肯入京是因为城内潜伏着大量与宸濠颇有勾结的危险人物。在他看来，一旦贸然入城，最终鹿死谁手，殊未可知。

十一月二十三日，厚照传旨，内阁、五府、六部、都察院、通政司、大理寺、鸿胪寺、锦衣卫除留佐贰官一员居京在衙外，所有文武官员必须前往通州议处宸濠逆案，六科、十三道的言官以及皇亲、驸马、公侯也不例外。

圣旨一出，京师百官恐惧莫名。有人担心宸濠的簿籍上可能写有自己的名字，有人忧虑宸濠可能会故意拖自己下水，更有人怀疑江彬有意谋反。无论如何，不少官员认为通州之行风险巨大，甚至有性命之虞。

两天后，文武百官赶到通州。杨廷和、毛纪劝告皇帝，按照明朝开国以来的制度传统，应在大内拟处重罪，在闹市处决重囚。他们还提醒皇帝，陛下南征之前曾祭告天地、宗庙、社稷，凯旋之后也要祭告。总结起来就是一句话，皇帝应该回京处置宸濠。[2]

---

［1］　朱国桢：《涌幢小品》卷1。
［2］　《明武宗实录》卷193，正德十五年十一月丁丑、己卯。

无奈厚照固执己见，群臣只得妥协。他们判定宸濠大逆不道，依律当死。十二月初五，厚照做出最终裁决，勒令宸濠自尽，待宸濠死后再将其尸首焚毁，遗弃荒野。

五天后，厚照还京。文武百官在正阳桥南列队相迎。只见从征将士耀武扬威，衣甲鲜亮；逆囚及其家属数千人被羁押在道路两边的大车上，其中逆囚被剥去衣物，双手反绑，脑后插有白旗，上面写着陆完、钱宁等罪囚的姓名。大车之间还有一些长竿，上面挑着被斩逆囚的首级，首级旁边也飘着写有逆党名字的白旗。

厚照站在正阳门下，面向延绵数里的凯旋队伍，凝望良久。他或许明白，他再也没有机会御驾亲征，驰骋沙场了。终于，他率领大军，押着逆囚继续前行。他们自东安门横穿皇宫，直奔豹房。

有些大臣看到无数白旗穿过皇宫，不禁产生了不祥的预感。

十二月十三日凌晨，厚照拖着久病之身恭行祭祀天地的大礼。当迎神、奠玉帛、进俎三个仪式环节顺利完成之后，他手捧玉圭来到皇天上帝的神主前，跪拜行礼。突然，一股热血从他口中喷涌而出，一阵眩晕过后，他瘫倒在郊坛之上。

祭祀天地大典戛然而止。由于未能完成全部礼仪环节，不得不改期再祭。此后，厚照一直在豹房养病。由于身体不适，他觉得所有饮食都不合胃口。他的情绪也日渐暴躁，豹房的财政总管于经无意间冒犯了他，他勃然大怒，勒令于经每天从早到晚去内书堂读书。他还告诉于经，学不会出言谨慎就别回来见他。[1]

由于皇帝的病情迟迟不见好转，祭祀天地、庆成、献俘、赏功等典礼一拖再拖。而殿试、册封等大事又迫在眉睫。

与此同时，皇帝即将不久于人世已经不是什么秘密了。正德十六年（1521）正月，皇位继承人的问题又一次被提了出来。南京监察御史董云汉建议皇帝在宗室中选择一位年长、贤德的晚辈，收为养子。他还提醒皇帝，要早做决断，莫留后患。[2]

厚照对立储的建议不加理睬，或许他认为自己仍有希望诞下子嗣。二月，他宠幸了他一生中除一后二妃之外，最后一位留下姓名的女子，或许也是他生命中最后一个女人。

在讲述这名女子之前，似乎应该先交代一下刘良女的结局。可惜，史料中没有留下任何记载。我只能猜测，厚照在进入京师之前，放她回家了。因为厚照真心爱过这个女人，他也知道如果将她带回京师，他驾崩之后，她的处境会十分危险。如果我的猜测属实，那么这也是厚照在通州驻跸长达四十五天的原因之一。

厚照即将宠幸的女子叫王满堂。她是霸州人，也就是刘宠、刘宸、齐彦名的同乡。她生得貌美如花，明艳动人。她年少时曾入宫参加秀女选拔，却不知何故名落孙山。她深以为耻，不肯另嫁他人。

不知道是不是精神上受了刺激，此后她时常会做一些奇异

---

[1]《明武宗实录》卷194，正德十五年十二月己丑、甲午、丁酉。
[2]《明武宗实录》卷195，正德十六年正月戊寅、辛巳。

的梦，说早晚会有一个叫赵万兴的人来娶她，而这个赵万兴贵不可言。后来，一个姓段的道士辗转知道了这个梦兆，便假冒赵万兴来到王家，骗娶了她。

没错，在遇到厚照的时候，王满堂与马氏、刘良女一样，也是有夫之妇。那么，她是怎么遇到厚照的呢？原来那姓段的道士妖言惑众，僭号称帝，被抓到京师处决。王满堂作为共犯也被带到京师，就在她觉得自己也将一命呜呼的时候，忽然有人将她带到了浣衣局。不久，她又被送入豹房。

厚照对这个本来有可能成为他嫔妃的王满堂颇为喜爱，多次宠幸。一个月过后，他失望地发现她未能给他孕育子嗣。[1]

这或许是命运给予厚照的最后一击。三月十四日，在一个看起来稀松平常的夜晚，厚照崩于豹房。由于事先没有任何征兆，他临终时只有两个小太监陪在身边。[2]

据杨廷和回忆，厚照崩殂当日，太监魏彬、谷大用、张永、张锐等人来到内阁，将一张纸递给他。纸上写的是厚照的临终遗言，其中有这样一句话："不关你们的事，都是我误了天下大事。"[3]

这是厚照临终悔悟的肺腑之言，还是宦官编造出来的弥天大谎，已经无从考证。

---

[1]《明武宗实录》卷196，正德十六年二月乙酉。

[2]《明武宗实录》卷197，正德十六年三月丙寅。

[3] 杨廷和：《杨文忠三录》卷4。

终　章

　　厚照驾崩的时候年仅31岁。他没能留下子嗣，孝宗一脉以及孝宗传承的部分西南民族血统至此断绝。

　　厚照生前没有指定皇位继承人，张太后接受杨廷和等人的建议，迎立他的堂弟朱厚熜为帝。

　　朱厚熜是孝宗最年长的弟弟兴献王朱祐杬的长子，在伦理秩序中处于优先地位。然而，张太后、杨廷和等人忽略了一个至关重要的问题，即朱祐杬只有朱厚熜一个儿子，一旦朱厚熜过继给孝宗，朱祐杬就会绝嗣。这个问题导致了纷纷扰扰二十余年的议礼风波，张太后、杨廷和等人也都付出了惨痛的代价。

　　张太后、杨廷和犯下的错误，也拖累了九泉之下的厚照。因为朱厚熜事后不肯承认只有过继给孝宗才能继承皇位的事实，[1]一意孤行地虚构自己亲生父亲朱祐杬的皇帝身份。在他虚构的皇帝谱系中，睿宗朱祐杬继承了孝宗的皇位，然后又传给了他。这样，厚照的正统地位就遭到了挑战。

　　在上述历史语境下，嘉靖四年（1525）修成的《明武宗实录》，看不到多少为尊者讳的迹象。相反，该书不但存在大量

---

[1]　杜洪涛：《空位危机、女主干政与嘉靖议礼》，《史林》2011年第1期。

负面记载，还有不少故意贬低之处。这样做的目的是，将厚照建构成反面典型，从而衬托朱厚熜的光辉形象，巩固他皇位的合法性。

《明武宗实录》在记述朱祐杬生平的时候，特意加入了如下一段插曲。据说，厚照率军巡边时，睿宗忧形于色，直到获悉皇帝回銮，这才安下心来。表面看，这似乎是说朱祐杬关心皇帝的人身安全。实际上，这是在指责厚照巡游无度，令朱祐杬对国家安危忧心忡忡。[1]

正德五年（1510）四月，也就是真镨发动叛乱之后，刘瑾倒台之前，厚照颁布了一道至关重要的诏书。在这份诏书中，他除了宣布各处叛逆首恶必惩、胁从不问的宽大政策；四川、江西等地流民复业，免除三年赋役的惠民措施之外，还基本推翻了刘瑾擅政时期的各项举措。例如，停止清理屯田，停止催征各处军民拖欠的钱粮、子粒等物，免除文武官员尚未缴纳的罚米，撤回在各地缉访事情的锦衣卫官校人等，规定今后断案必须依照《大明律》发落等。

然而，《明武宗实录》在记述这份诏书的内容之后，并没有针对诏书的意义借题发挥，颂扬厚照；而是强调他当天没有亲临奉天殿，只是派遣礼部官员在承天门上宣读而已。[2]

与此相似，平定刘宠、刘宸之后，《明武宗实录》没有提及厚照颁布的胁从不问、自首免罪等宽大政策，提高杀敌奖赏

---

[1]《明武宗实录》卷175，正德十四年六月己卯。
[2]《明武宗实录》卷62，正德五年四月辛亥。

的激励措施，调用边兵，督促陆完进剿，以及在刘宠、刘宸逼近京师之际，亲自调度指挥等事实；反而高谈神秘论，说刘宠、刘宸的覆灭并非官军进剿之功，而是上天厌倦战乱，降下暴风所致。[1]

虽然《明武宗实录》的编纂者有意塑造厚照的负面形象，但该书仍然是研究厚照的最为重要的史料。首先，该书是记载正德一朝君臣史事的基本文献。其次，厚照本人确实有不道德的行为，该书的部分负面记载属实。其三，即便有立论偏颇，歪曲事实之处，但秉笔直书的史学传统不会允许一部史书完全出于虚构。其四，嘉靖三年（1524）之前，纂修该书的总裁是杨廷和。他是正德朝旧臣，又在大礼议中站在张太后一方维护孝宗、武宗一系正统。因此，该书还是保存了很多重要史实。后来接替杨廷和担任总裁的费宏等人虽然为了迎合朱厚熜做了一些别有用心的改动，但他们不可能将这些史事纂改殆尽。其五，费宏等人为了自己身后的名声，在迎合世宗续修该书时，也会把握一定的尺度。

上述事实说明，研究厚照以及正德一朝的史事存在一定的难度。研究者需要小心谨慎地结合各类史料辨析《明武宗实录》的记载，才能做到去伪存真。

厚照本人也是个复杂的历史人物。他在历史上的坏名声，有些是咎由自取，他最大的问题是强抢民女。

身为一国之君，他本可广选天下秀女，充实三宫六院。这

---

[1]《明武宗实录》卷91，正德七年八月癸亥。

样，他就能够拥有很多类似王满堂，甚至胜过王满堂的女子。然而，他偏要剑走偏锋。放着皇宫里的一后二妃不闻不问，却在豹房或驻跸之所接受亲信进献的女子。

据《明武宗实录》，亲信打算进献给厚照的女子都寄养在浣衣局，他从各地带回的女子也留在这里。这些被羁押的女子为数众多，甚至达到了浣衣局无法容纳的程度。然而，这些女子中即便有人被进献到豹房，或者曾经获得过皇帝的恩宠，却没有任何人得到过皇家的名分。最容易的解释是说厚照精神变态，但从他对马氏与刘良女的感情来看，上述解释过分简单粗暴。

我倾向于认为，最重要的一个原因恐怕是浣衣局的这些女子大都姿色欠佳。这从前面讲过的吴经在扬州为皇帝挑选寡妇、少女的事例可以看出端倪——有钱的可以赎回，没钱的才被送到皇帝身边。这个事例还说明，厚照所谓的亲信主要是将进献女子作为牟利的手段，而不是为皇帝挑选美色。

如果真是这样，那就意味着进献到豹房的女子通常不能让厚照满意。这或许就是为什么，她们不能像马氏、刘良女那样得到长期的宠爱，甚至连姓名都无法留下。据《明武宗实录》，这些被羁押在浣衣局的女子命运十分悲惨，她们有时连饭都吃不上，有人甚至冻饿而死。不过，也有不少像王满堂这样的女子能够在厚照驾崩后活着离开浣衣局。这是因为被宠幸的女子有特殊照顾，还是生存能力的差异就不得而知了。

无论如何，那些被羁押在浣衣局冻饿而死的女子，都是因厚照而死。就算他不了解实情，这也是他的罪孽。[1]

厚照也有不少优点，但这些优点通常被那些人为放大的缺点掩盖了。据陈建、谈迁引述，郑晓曾盛赞厚照英武、刚断、豁达。[2] 我认为这个评价十分准确，亲率将士与蒙古大军在应州舍命搏杀，何其英武；当机立断，凌迟刘瑾，确属刚断；将在大火中化为灰烬的乾清宫比作一场烟火表演，何其豁达！

厚照还很宽容。这一点杨廷和深有体会，尤其是他在大礼议中与世宗针锋相对，最终被迫告老还乡之后。每当想起正德朝的往事，他都会情难自制。

据他回忆，正德十四年（1519），随厚照北巡的宣府镇守太监刘祥，恳请皇帝将巡抚的职责写进颁发给镇守太监的敕书之中。当时，杨廷和告病，不在内阁，梁储就按照皇帝的意思写了敕书。不久，辽东、蓟镇、陕西、山西、甘肃、延绥、宁夏七镇的镇守太监竞起效尤。厚照命令杨廷和仿照梁储的前例写敕，杨廷和断然拒绝。

杨廷和指出，按照明朝的制度传统，巡抚、镇守太监各有职掌，岂能混淆。如果写了这些敕书，那么日后北方边镇的镇守太监乱政、害人，追究起来，都是今日写敕者的责任。他还强调，之前梁储写敕就已经错了，如今岂能一错再错！

厚照闻讯传旨给杨廷和，说爱卿不肯写敕的理由，朕已经知道了。不过，朕巡边期间，偶然有事，镇守太监都得往返数

---

[1] 《明武宗实录》卷182，正德十五年正月庚寅。
[2] 陈建：《皇明通纪法传全录》卷28；谈迁：《国榷》卷51。

次才能解决。朕要统一颁发便宜行事的敕书,永为定制。对于杨廷和所说兵部需要先进手本的要求,厚照也命令兵部照做了。

不料,杨廷和仍然不肯写敕。他说兵部虽然顺从皇命,但内阁要坚守原则。他还斩钉截铁地说:"我杨廷和手可断,敕书决不可写。"

由于杨廷和始终坚持,此事最终不了了之。

杨廷和行笔至此,大发感慨,说自己如此忤逆圣意,还能够保全性命,保住官位,这都是先帝宽容、仁慈所致。他还说,现在提起这些往事不禁泫然涕下,可惜余生已经无法报答先帝的恩德了。

杨廷和还提到另外一件往事。厚照南征,命令杨廷和将威武大将军的名号写进敕书。杨廷和指出,在宸濠指责皇帝失政的情况下,还将威武大将军写入敕书,这不是授人以柄吗!如此罪过,谁担当得起。他还表示,宁死不写。

厚照与杨廷和争持一个多月。临行前,他派司礼监太监萧敬前往内阁敦促杨廷和写敕。他还对萧敬说:"拿不到敕书,你就别回来了,投金水河死了算了。"

杨廷和不为所动,他对萧敬等人说:"公等不必死,如果皇上降罪,我杨廷和一力承担。"

最终,厚照不再坚持。他率军南征后,有人告诉廷和,皇上临行前曾对张锐、钱宁说:"朕要给杨先生陪话,想必他不会介怀",又说:"明天一定要让杨先生来送我,我有话对他说。"那人还说,皇上对老先生最为敬重,临行前准备了很多话，只是后来吃醉了酒，都忘了。

杨廷和回想起他在正阳桥送行时，先帝嘴唇微张，犹豫良久时，不禁感动、呜咽，久久不能平复。[1]

厚照还有一些品质难定优劣。

他慷慨大方。他在南京驾临徐霖居所时，见徐家房屋不甚宽敞，当即许诺，待徐霖随驾回京时，赐予大宅一所。[2] 不过，他的慷慨往往超出了常人理解的限度。正如朝臣批评的那样，他滥赏、滥赐，就连历来不轻易赐人的玉带、蟒服也不吝惜。他还时常大摆酒宴，铺张浪费。据说，他由此引导了崇尚奢侈的社会风俗。[3] 在传统的儒家观念中，奢侈是一种伤风败俗的行为。然而，如果从炫耀性奢侈消费拉动社会经济的角度看，这又是一种积极的影响。

他聪慧好学，多才多艺。时人张邦奇盛赞厚照天生睿智，作诗不用预先构思，挥笔立就。又说，他临朝处理政务，思维敏捷，效率奇高。[4]

我认为张邦奇的评价颇为中肯，厚照的聪慧可以从第九章中讲过的，他识破张忠、许泰陷害王守仁，断定黎鉴诬陷山东巡抚等事例中得到印证。他处理政务的效率，也可以在《明武宗实录》中找到例证。据说，他南巡期间，数日之内就将当年

---

[1] 杨廷和：《杨文忠三录》卷3。

[2] 李诩：《戒庵老人漫笔》卷4。

[3] 《明武宗实录》卷124，正德十年闰四月癸未。

[4] 张邦奇：《张邦奇集·四友亭集》卷3。

五六月份的重要公务处理完毕。[1]

然而，聪慧与办事效率高又是导致他不肯天天视朝的原因之一。

明人何乔远指出，厚照在东宫时勤奋好学，继承皇位后，仍然没有终止学习。[2] 这个评价或许有些夸大，但也不是完全没有根据。

据《李中麓闲居集》和《涌幢小品》，某日，李廷相为皇帝讲学。他正欲开讲，厚照突然宣布要去西苑游玩。廷相在文华殿暖阁中立候，晚上又退至内臣板房等待。然而，等到夜深人静，也没看到皇帝的踪影。他知道皇帝喜欢夜间游览、欢宴，又担心皇帝随时可能回来听讲，便强忍睡意，继续等候。

直到次日凌晨，皇帝才重新回到文华殿。众官得知李廷相一夜未眠，都替他捏了一把汗，担心他不如平日讲得精彩。谁料，开讲时，他声音洪亮，条理清晰，皇帝听得津津有味。

虽然上述两部文献没有标明这件事发生的时间。不过，李廷相自正德六年（1511）才开始担任侍讲学士，上述事件发生的时间不会早于这一年。李廷相讲学的事说明，厚照虽然谈不上勤奋好学，但也没有中断学习。此外，厚照对李廷相的讲学兴趣颇浓，主要是因为廷相不但熟读经史，还留心刑名、钱谷等实际事务。[3]

---

［1］《明武宗实录》卷189，正德十五年八月丙辰。

［2］何乔远：《名山藏》卷21。

［3］李开先：《李中麓闲居集》文卷10；朱国桢：《涌幢小品》卷2。

厚照自南京北返的路上，也表现出较强的读书欲。正如第九章所述，他在镇江与杨一清讨论《文献通考》，杨一清投其所好将此书与《册府元龟》相送；此后，他还在山阳儒学取走了一部《资治通鉴》。有时我禁不住会想，如果不是清江浦翻船，他会不会长期研读《资治通鉴》等史籍，转向文治。可惜，历史没有如果。

厚照的兴趣极其广泛，在长期的学习过程中他也掌握了很多知识和技能。在军事方面，他谙熟骑射，技击水准达到可以徒手搏虎（虽然有时也会受伤）的程度，他还可以亲自指挥军队参加大规模战役。在个人才艺方面，他擅长作诗、谱曲、歌唱、书法。

他还精通服装设计。据《明武宗实录》和《戒庵老人漫笔》，厚照创制了一种新式的黄罩甲。所谓罩甲是穿在窄袖军装外边的一种对襟的服装，厚照将罩甲的形制加长，再配以尊贵的黄色，分配给跟随他练兵的将士穿用。不料，这种新式军装在社会上风靡一时，上至达官贵人，下至市井小民都争相穿戴。[1]

在语言方面，他也颇有天赋。据《涌幢小品》，他佛经、梵语无不通晓。[2]另据朝鲜使臣给李朝国王的报告，厚照出巡时，随行的蒙古、回族、佛郎机（即葡萄牙）、占城（越南南部）等

---

[1]《明武宗实录》卷134，正德十一年二月壬申；李诩：《戒庵老人漫笔》卷1。
[2] 朱国桢：《涌幢小品》卷107。

地的使者各有二三人。他时常会向这些使臣学习不同的语言。[1]此外，他钟爱精通蒙古语的马氏，也说明他至少对蒙古语略知一二。

从个人角度而言，文武双全、多才多艺肯定是令人钦佩的品质。然而，对于一个皇帝来说，却未必能够算作优点。因为学习各方面的知识和技能会消耗大量的时间和精力，这势必会压缩皇帝处理政务的时间。

厚照的思想也比较复杂。以佛教为例，他谙熟佛法，自称大庆法王。在他的祖母王氏去世后，他亲自率领番僧在清宁宫进行梵咒仪式。他从南京北返，途经致仕大学士靳贵府上时，恰逢靳贵辞世，他又命令随行番僧为靳贵诵经祈福。从这些表现看，他似乎有比较虔诚的佛教信仰。[2]

然而，正德十二年（1517），他在宣府迎春的时候，又安排了一出拿僧人开涮的闹剧。据《明武宗实录》，他命人准备数十辆马车，每辆马车上各有僧人、妇女数十人。车上僧人摩肩接踵地排成数行，与同等数量的妇女相对而立，相间成行。车上妇女都双手举着一个圆球，圆球的高度与对面僧人的头颅大致相同。

只听得号令一响，事先排好行列的数十辆马车一起向前奔去。只见僧人的光头与妇女手中的圆球随着马车的颠簸互相碰

---

[1]《李朝中宗实录》卷41，中宗十五年十二月戊戌。

[2]《明武宗实录》卷163，正德十三年六月庚辰；同书卷190，正德十五年闰八月癸卯。

撞，乱作一团。有的圆球在前后僧头的交替撞击下，脱离了妇女的双手，飞向车外。厚照见状，大笑不止。[1]

厚照还具有一定的商业意识。在南巡途中，他钓鱼、打猎并不单纯是为了娱乐。他还将捕获的鱼儿、猎物当作换取财富的礼物。无论是谁，只要接受了他的赐予，就必须付出真金白银的代价。他南巡途经扬州时，还命令当地官员将他拒绝参加的酒宴折算成白银送达御前。[2]此外，他开设皇店、皇庄，以及我在第七章中提到的，他曾打算与兀良哈人做生意等都是商业意识的体现。

对于厚照在治国方面的表现，人们褒贬不一。其中最激烈的批评莫过于明人陈建。他认为厚照统治时期出现过很多亡国的征兆。他将刘瑾、张永等宦官比作汉代的五侯、十常侍，将刘宠等人领导的各地民变比作唐末的黄巢起义与元末的红巾军，又将寘鐇、宸濠之乱比作西汉的七国之乱与西晋的八王之乱，还将江彬等边将比作东汉末年的董卓。此外，他指责厚照宠幸权奸，巡游无度，颇似秦汉隋唐的亡国之君。[3]

无可否认，陈建的指责存在一定的事实依据。然而，厚照统治大明王朝十七年之久，即便是他驾崩之后也没有出现王朝覆灭的迹象。这充分说明，陈建的批评有些夸大其词。同时，

---

[1]《明武宗实录》卷157，正德十二年闰十二月丁亥。
[2]《明武宗实录》卷180，正德十四年十一月辛丑；同书卷181，正德十四年十二月戊寅。
[3] 陈建：《皇明通纪法传全录》卷28。

这也意味着，厚照的统治自有可取之处。

首先，大权在握。郑晓指出，厚照虽然任用佞幸，但一旦发现这些人威胁到自己的统治，便会立刻将他们绳之以法。[1]也就是说，他始终将大权牢牢地掌握在自己手中。因此，他才能够凌迟刘瑾、抓捕钱宁。

对于颇为宠信的江彬，他也不会言听计从。在南巡至临清时，山东巡抚都御史王珝为皇帝敬酒时步履缓慢，厚照盯着他看了一会儿。第二天，同为都御史的龚弘，担心皇帝误将他当作王珝。因此，他在敬酒时不但有意加快脚步，而且自报姓名。江彬在皇帝身边厉声呵斥，并挑唆厚照将王珝和龚弘一并治罪，厚照不为所动。[2]

其次，善于用人。何乔远强调，厚照委任得人，因而朝廷纲纪不乱。[3]这主要是指厚照坚定不移地任用杨廷和、蒋冕、毛纪等敢于坚持不同意见的大臣；太监张永也在一些重大事务中发挥过积极作用；即便是刘瑾、钱宁、江彬，也未必真有谋反之意。郑晓就持有这样的观点。[4]

我认为郑晓的意见有一定道理。因为在刘瑾府上查获的藏有匕首的扇子，很可能是政敌的栽赃；钱宁勾结宸濠，主要是为了索贿；江彬如果在牛首山有意谋逆，厚照绝不会不加

---

[1] 谈迁：《国榷》卷51。

[2]《明武宗实录》卷178，正德十四年九月戊戌。

[3] 何乔远：《名山藏》卷21。

[4] 郑晓：《今言》卷2。

追究。

其三，爱惜百姓。朱厚熜也不得不承认，厚照能够推行宽大、仁慈的德政，没有采用横征暴敛、严刑酷法来毒害百姓。[1]

对厚照的历史评价也见仁见智。清修《明史》讽刺厚照连普通君主的资质都没有。[2] 然而，乾隆年间的大学士鄂尔泰等人认为，厚照的治国能力至少远胜明神宗和明熹宗。[3]

在我看来，厚照不是明君，但也算不上昏君；他谈不上勤政，但也并非不理朝政。部分史家对他的负面评价，有的是他咎由自取，有的则是别有原因。

首先，不知是有意为之还是无心插柳，厚照打破了明中叶以来重文轻武的政治文化传统。这势必招致士大夫的不满。在中国传统社会中，掌握历史书写权力的恰恰是这些士大夫。因此，他苦练骑射、宫中练兵被视为胡闹。他率军北上与达延汗鏖战数日，最终将蒙古大军驱逐边外的应州之战，也没有人歌功颂德。与此相应，不少士大夫将应州之战及随后的大规模巡边，一概视作以游乐为目的的巡幸。

如果将孝宗朱祐樘与厚照进行对比，这个问题就更加清楚了。正如第一章、第二章中所述，孝宗的统治实际上非常糟糕。但由于他礼敬士大夫，便赢得了弘治中兴的美名。厚照的统治未必比孝宗差，但他重用宦官、边将，对士大夫未加优遇，因

---

[1]　朱厚熜：《明武宗实录序》。
[2]　张廷玉：《明史》卷16。
[3]　《清高宗实录》卷106，乾隆四年十二月丙戌。

此很多士大夫将他视作无道昏君。

其次，中国传统社会的史学家通常秉持道德史观。在他们眼中，一个人如果道德有亏，他的其他方面无论多么优秀也不足多论。厚照纵容手下强抢民女，仅凭这一点，他就被传统史家钉在了耻辱柱上。从而，他的缺点被不断放大，而他的优点则被逐渐遮蔽。

其三，由于上文讲过的原因，《明武宗实录》留下了大量关于厚照的负面记载。这些记载有的确有其事，有的则无法通过其他史料加以印证。如果不加辨析地全盘接受《明武宗实录》的记载，自然会对厚照产生颇为负面的印象。

最后，我想说，厚照还错过了一次千载难逢的机会。在他统治期间，当时被称为佛郎机的葡萄牙人已经进入东亚，占据马六甲。正德八年（1513），马六甲的葡萄牙总督若热·阿尔布克尔克，派遣一只葡萄牙船队来到了珠江口的屯门岛（今中国香港屯门区，由于填海工程，现在这里已经不再是岛屿）。不久，意大利人安德雷·科萨里在书信中提到，这些葡萄牙人虽然没有机会登上大陆的土地，却在岛上卖掉了他们带来的所有货物。[1]

当时的葡萄牙国王是曼努埃尔一世，他生于1465年，也就是明朝的成化五年，比厚照年长26岁。巧合的是，两人都卒于

---

[1] 万明：《中葡早期关系史》，社会科学文献出版社，2001年，第24页；张天泽著，姚楠、钱江译：《中葡早期通商史》，中华书局香港分局，1988年，第38—39页。

1521年。

曼努埃尔一世生活在葡萄牙王国的鼎盛时期，他野心勃勃地推行海外扩张政策。早在即位之初，就力排众议，派遣达·伽马寻找通往印度的海上航路。随后，葡萄牙在印度果阿、马六甲等地建立了殖民地。他生前还曾派遣葡萄牙船队远航进入南美洲的巴西，此后这里也成了葡萄牙人的殖民地。

得到马六甲总督的报告之后，曼努埃尔一世对中国产生了极为浓厚的兴趣，他派遣费尔南·佩雷斯·德·安特拉德率领一只葡萄牙船队前往东南亚。他还要求费尔南护送一名葡萄牙使臣持国书前往明朝，而这位使臣的使命是代表葡萄牙与明朝建立贸易关系。

葡萄牙人选择的使臣是多默·皮列士。他自正德六年（1511）起就在果阿、马六甲等地活动。他在搜集当地资料及亲身见闻的基础上，写成了描述东方诸国地理的著作《东方志》。该书第四部有关于中国的描述。这说明他在来访之前，已经对中国有了一定程度的了解。或许这也是他被选为使臣的主要原因。[1]

葡萄牙使团除了皮列士之外，还有四名葡萄牙人，一名皈依基督教的印度人和五名翻译。他们在费尔南的护送下，乘坐四艘海船自印度西海岸的科钦出发，经马六甲驶往中国。正德十二年（1517）七月二十八日，葡萄牙使团抵达屯门岛。

---

[1] 万明：《中葡早期关系史》，第25—27页；多默·皮列士著，何高济译：《东方志：从红海到中国》，江苏教育出版社，2005年，第96—101页。

据16世纪葡萄牙史学家若昂·德·巴罗斯撰写的《亚洲史》，费尔南向驻守南头城的备倭指挥表明来意，并提出率领船队前往广州与当地官员接洽的要求。在反复拖延多日之后，这名指挥才答应了费尔南。为了显得郑重其事，费尔南在进入广州城的时候，特意悬挂旗帜，鸣放礼炮。不料此举被明朝官员视为挑衅，费尔南反复解释这是表示和平、友好的礼仪，双方才达成和解。[1]

当时兼任巡海道的广东按察司佥事顾应祥事后回忆，他派人到梧州将葡萄牙人到来的消息禀告两广巡抚陈金等人。陈金来到广州后，告知葡萄牙人必须学会天朝礼仪才会被接见。皮列士等按照陈金的要求，在光孝寺学习了三天，才学会跪拜礼。陈金见葡萄牙人愿意接受并已经熟悉天朝礼仪，这才将相关事宜上奏朝廷。[2]

厚照得到陈金的奏报时，正在宣府巡边。他认为葡萄牙并非与明朝建立封贡关系的国家，拒绝召见。[3] 一切看似已经无可挽回，但葡萄牙使团中的翻译改变了这个结局。

火者亚三等翻译大都是流落东南亚的华人，他们精通中国传统社会的人情世故。他们教会葡萄牙使臣通过贿赂的方法滞留广州，并走通镇守太监宁诚的关系最终获得了觐见皇帝的机

---

[1] 译文参见金国平著/译：《西力东渐：中葡早期接触追昔》，澳门基金会，2000年，第224—227页。

[2] 顾应祥：《静虚斋惜阴录》卷12。

[3] 《明武宗实录》卷158，正德十三年正月壬寅。

会。于是，皮列士等人与火者亚三一道北上面圣，费尔南启程回国。[1]

正德十五年（1520），葡萄牙使团到达南京。据葡萄牙使团成员日后的书信，他们在南京得到了厚照的召见。随后，皇帝命令他们前往京师，等待皇帝回銮之后再处理相关事宜。[2]

火者亚三并没有随皮列士北上，他被厚照留在了南京。据《名山藏》，厚照时常向火者亚三学习葡萄牙语。[3] 由于厚照一生贪玩，他学习语言就像他练兵一样，通常被视为单纯的娱乐。

在我看来，令使团先行是为了争取时间。据顾应祥回忆，皮列士等人在京师会同馆滞留半年有余。与此同时，留下翻译学习语言是为了更多地了解葡萄牙的情况。这两个举措都是为了更好地处理与葡萄牙的外交事务。如所论不误，那么厚照直到闰八月仍留在南京就又多了一个理由。

然而，人算不如天算。厚照当时不会想到，待他返回京师时自己已是将死之身。

在一个初始全球化的时代，已经开始学习葡萄牙语又具备商业意识的厚照，同时也是明朝历史上最特立独行的皇帝之一，却没能够抓住时代赐予的机遇，着实令人惋惜。

---

[1] 万明：《中葡早期关系史》，第32—33页。

[2] 译文参见金国平著/译：《西力东渐：中葡早期接触追昔》，第195页。

[3] 何乔远：《名山藏》卷107。

后记

　　明武宗曾经是我研究大礼议的背景板。2009年，我在北京师范大学读研时，开始研究众说纷纭的大礼议。当时，我决定将明武宗驾崩之后的空位期作为研究起点。期间，我读过不少有关明武宗的记载，并对这个历史人物产生了浓厚的兴趣。

　　最近几年，我萌生了以皇帝生平为线索撰写大明王朝史的想法。本着做生不如做熟的原则，我打算从明武宗写起。

　　2021年5月7日，我与北大博士同学兼好友郑小悠聊起了这件事，她给了我很多重要的建议，并热心地为我推荐了汉唐阳光的出版策划人尚红科先生。很幸运，尚总给了这本书出版的机会。

　　这本书的写作过程十分艰苦。这一方面是因为以叙事为中心的历史传记与以问题为中心的学术研究存在很大差异，另一方面是因为我双胞胎儿子的孕育、出生和成长使我在研究和写作的时间上捉襟见肘。

感谢尚总的宽容，允许我多次推迟交稿时间。这样，本书才最终得以完成。

希望本书能对读者了解真实的明武宗以及正德一朝的政治史和军事史有所助益。

杜洪涛

写于内蒙古师范大学盛乐校区专家公寓

2022 年 8 月 20 日